亞太、東亞及兩岸整合的
認同分析

戴東清 著

自序

　　本書係個人過去數年參與南華大學社會科學院及國際事務與企業學系聯合向科技部申請之二次共六年的整合型計畫過程中，所撰寫之研究成果中的四篇同性質論文集結而成。研究各國經濟發展模式與經濟整合向來是個人的研究興趣，過去也曾經以中英文發表多篇與上述主題有關的論文，如*"EU model and Cross-Strait Integration"*、*"China's Multilateralism and Its Impact on Cross-strait Relations: A View from Taipei"*、〈開發中國家的發展模式選擇：華盛頓共識、北京共識與其他共識〉等。本書是從認同的角度來探討亞太、東亞及兩岸整合的現狀與挑戰。

　　研究國際關係的學者一般都是從自由制度主義或新自由制度主義的角度來探討區域整合，然而如同在本書導論中所言的，基於新自由制度主義理論本身的侷限性；新自由制度主義在解釋實際案例時的限制，因此需要運用其他的理論予以補充；新自由制度主義在理論內涵及應用方面，近年來有愈來愈多與建構主義相互參照融合發展的趨勢。本書著重探討亞太、東亞及兩岸在整合過程中認同的作用。從認同或建構主義主張之朋友式的無政府狀態來處理整合的問題，不在取代新自由制度主義的作用，而只是補充新自由制度主義解

釋不足之處，否則無從解釋為何經濟整合的擴散效應沒有在某些區域發生，甚至在某些區還出現經濟整合的倒退現象。

　　本書得以順利出版，首先要感謝科技部整合型計畫的總主持人、南華大學講座教授郭武平的提攜，若無郭老師盛情邀約參與整合型計畫，恐無法有本書之出版。當然也要感謝參與整合型計畫的其他夥伴，張裕亮教授兼社科院長、張子揚教授、楊仕樂教授、張心怡副教授、孫國祥副教授、胡聲平副教授、邱昭憲副教授、王思維副教授，在寫作過程中不斷地意見交換與討論，使個人在學術研究道路上不致太孤獨。最後要感謝本書的編輯，以及總是在背後默默支持、體諒個人必須犧牲陪伴時間從事學術研究的家人們。

目次

表目錄

圖目錄

第一章
導論

第一節　前言

　　探討經濟整合一般而言，都是以新自由主義或新自由制度主義的角度出發，透過國際制度的安排，在各國追求絕對利益的情況下，達到經濟整合的目標。尤其是被歸類為新自由制度主義的新功能主義，在歐盟經濟整合的過程中，發揮了重要的解釋力。[1]在歐盟經濟整合的過程中，不論是在1957年透過《羅馬條約》（Treaty of Rome）創建了歐洲經濟共同體（EEC），或是在1986年簽訂的單一歐洲法案（Single European Act），都可看到制度在經濟整合中具有重要的作用。[2]

　　不僅如此，1993年簽訂的《馬克垂斯條約》（the Maastricht Treaty），讓歐元得以成為歐盟各會員國的共同貨幣，在深化經濟整合中跨出了極為關鍵的一步。1999年簽署的（Treaty of Amsterdam），更是從經濟領域跨足政治領域，

---

[1]　James E. Dougherty, Robert L. Pfaltzgraff, Jr. Contending Theory of International Relations, (3rd.ed) New York: Harper Collins Publishers, Inc. 1990: 437-448.

[2]　EU, "The history of the European Union", https://europa.eu/european-union/about-eu/history_en

讓歐盟各國得以有共同的外交與安全政策。[3]由此可看出新功能主義主張的透過制度建構與施行，進而發揮的從經濟領域擴散（spillover）至政治領域的效應正在發生。[4]本書內容涉及亞太、東亞及兩岸的經濟整合，理應從新自由制度主義的視角來觀察，為何要從認同的角度切入？

　　首先，不論是新現實主義或新自由制度主義的理論本身就有其侷限性。誠如約瑟夫・奈伊（Joseph Nye）、大衛・威爾許（David A. Welch）所言，在某些地區，比如中東，國際政治非常具有現實主義色彩；在另外一些地局，比如西歐，國際政治則呈現較為自由主義的色彩。[5]換言之，不論是新現實主義或新自由制度主義，都不是放諸四海皆準，也不是完全相互排斥，而是看運用在哪個區域或者解釋哪個事件上。

　　特別是關注認同、規範、文化及國際治理的建構主義，在解釋國家利益如何被塑造，以及隨著時間而變化上，比新現實主義或新自由制度主義更具有說服力。畢竟後兩者未能針對上述領域作出解釋，僅專注於國家行為係出於追求自己的利益。[6]此外，新自由制度主義者主張的經濟互賴以減少衝突的本身，即具有重要的社會層面（認知上）因素，涉及有關價值和成本的政策選擇問題。[7]新自由制度主義在經濟

3　EU, "The history of the European Union".

4　James E. Dougherty, Robert L. Pfaltzgraff, Jr. Contending Theory of International Relations, 439.

5　約瑟夫・奈伊、大衛・威爾許，張小明譯，哈佛最熱門的國際關係課，台北：商周，2019，18。

6　約瑟夫・奈伊、大衛・威爾許，張小明譯，哈佛最熱門的國際關係課，18-19。

7　約瑟夫・奈伊、大衛・威爾許，張小明譯，哈佛最熱門的國際關係課，312。

互賴中分析的不足，恰好給了著重認同的建構主義提供了應有的補充空間。

其次，這是新自由制度主義在解釋實際案例時的限制，因此需要運用其他的理論予以補充。畢竟新功能主義無法解釋為何2004年歐盟各國簽訂的《歐洲憲法條約》（Treaty establishing a 'European constitution'），會在2005年6月分別被法國及荷蘭的公民公投否決，使得歐盟的進一步整合進入反思期（period of reflection）。[8]在不得已的情況下，歐盟各國只得在2007年以簽署《里斯本條約》（Treaty of Lisbon）代替，該條最終也在各國批准後於2009年12月1日生效。[9]

歐盟自2007年簽署《里斯本條約》後，就未簽署新的協議，無疑在整合上邁入盤整期，當然這也與2008年發生全球金融海嘯不無關係，所謂的歐豬五國（PIIGS），即葡萄牙、義大利、愛爾蘭、希臘及西班牙在經濟上受到重擊，自然無法在整合上有新的進展，至2020年都無新的條約簽署，甚至也未見討論。至於2020年1月31日英國與歐盟達成啟動脫歐談判程序，雙方若未在2020年12月31日前達成新的雙邊協議，英國有可能無協議脫歐，這對歐洲的經濟整合而言，無異是一重大打擊，也是新自由制度主義難以解釋清楚的，因此必須另尋補充方案。

---

[8]　EU, "Further expansion", https://europa.eu/european-union/about-eu/history/2000-2009_en

[9]　EU, "Further expansion".

第三，誠如徐斯勤所指出的，新自由制度主義在理論內涵及應用方面，近年來有愈來愈多與建構主義相互參照融合發展的趨勢。[10]徐斯勤並舉Keohane為例，說明Keohane本人很早就將建構主義中的反思主義，視為和理性主義並列之國際制度的主要研究途徑。[11]同樣地，宋學文在介紹新自由制度主義時也表示，制度論由傳統國際組織逐漸朝向新制度論與社會建構主義演進。[12]另外，宋學文也發現新自由制度主義也朝向規則與決策過程之研究，以及朝向全球治理的方向邁進。[13]而該等方向其實都是建構主義關照的範圍。

既然新自由制度主義有朝向與建構主義融合發展的趨勢，因此本書從建構主義關照議題之核心——認同的角度切入來探討亞太、東亞及兩岸經濟整合，應屬適切。換言之，從認同或建構主義主張之朋友式的無政府狀態來處理經濟整合的問題，不在取代新自由制度主義的作用，而只是補充新自由制度主義解釋不足之處，否則無從解釋為何經濟整合的擴散效應沒有在某些區域發生，甚至在某些區還出現經濟整合的倒退現象。更何況在經濟整合的過程中，認同的議題一再地被突顯出來，因此有必要進行討論，以利對經濟整合進行全面的觀照。

亞太、東亞及兩岸整合的認同分析

012

---

[10] 徐斯勤，新自由主義與新自由制度主義，包宗和編，**國際關係理論**，台北：五南，2011，131。

[11] 徐斯勤，新自由主義與新自由制度主義，131。

[12] 宋學文，新自由制度主義之過去、現在與未來，包宗和編，**國際關係理論**，台北：五南，2011，158。

[13] 宋學文，新自由制度主義之過去、現在與未來，158。

第二節　分析架構與章節安排

　　本書是由不同時期所撰寫之四篇論文集結而成，著重探討亞太、東亞及兩岸在整合過程中認同的作用。從認同或建構主義主張之朋友式的無政府狀態來處理整合的問題，不在取代新自由制度主義的作用，而只是補充新自由制度主義解釋不足之處，否則無從解釋為何經濟整合的擴散效應沒有在某些區域發生，甚至在某些區還出現經濟整合的倒退現象。基此，本書之分析架構圖如下：

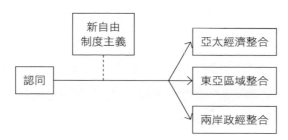

圖1-1：認同在亞太、東亞及兩岸整合過程中的作用

資料來源：作者自製

　　基於以上的分析架構，本書的章節安排如下：第一章為導論，主要針對本書內容討論經濟整合為何不是從新自由制度主義之國際制度角度，而是從認同的角度切入來探討作出說明。主要原因有三：一是新自由制度主義理論本身的侷限性；二是新自由制度主義在解釋實際案例時的限制，因此需

要運用其他的理論予以補充；三是新自由制度主義在理論內涵及應用方面，近年來有愈來愈多與建構主義相互參照融合發展的趨勢。基於上述三種原因，本書著重探討亞太、東亞及兩岸在經濟整合中認同的作用。

第二章是「亞太經濟整合與台灣的挑戰：認同與朋友式無政府狀態途徑」，首先，是檢視認同途徑在經濟整合中的重要作用，同時分析建溝主義學者溫特所提出的康德式／朋友式的無政府文化，究竟是否適用於討論亞太經濟整合。其次，將探討亞洲重要的經濟組織——東協共同體的發展現狀及其目前所面臨的困難，在東協共同體的建構過程中，認同及朋友式的無政府文化究竟發揮了什麼作用。再次，將討論已在2016年完成簽署的TPP、2019年生效的CPTPP，在美國退出後，反映出什麼樣的經濟整合之意義。

第四，則將焦點放在另一個重大經濟協議——RCEP的最新進展及其可能面臨的困難，尤其會關注如何在區域內有領土紛爭、社會文化制度有重大差異情況下，如何捨棄成見，讓談判能夠繼續下去，究竟要如何讓協議儘速達成？最後，則是探討台灣在亞太經濟整合的新趨勢中，究竟能做什麼？另外也要從認同的角度來分析，台灣未來能否在此種新趨勢中，找到自己應有的位置。

第三章是「亞洲區域整合之認同的趨勢與挑戰：以東亞為例」，主要是有鑑於認同在區域整合的過程中角色愈來愈重要，因此有必要針對亞洲區域整合中，尤其是東亞各國在增進認同中究竟作了哪些努力。接著面臨的問題是，亞

洲區域認同究竟有何特性，與其他區域有什麼不同？這樣的不同，究竟是如何造成的？未來將如何發展？在建構的過程中，會否面臨一些挑戰？為了回答上述問題，本章首先要探討的是為什麼需要亞洲區域認同，其必要性如何。

其次，要介紹如何建構亞洲區域認同，其過程如何，有哪些因素在建構的過程中是不可或缺的。第三，則是要分析在亞洲國家中，尤其是東亞各國，有哪些國家正在努力建構亞洲區域認同，有何特點，可行性如何。第四，則將焦點置於討論在亞洲區域認同建構的過程中，可能面臨的挑戰，諸如到底由誰主導的問題、在亞洲具有重大利益卻被排除在外之美國可能的阻撓、各國國內團體可能的壓力等等。最後則是本文的結論，將綜合歸納亞洲區域認同的建構，還有哪些面向也必須一併顧及。

第四章是「台灣地區民眾的國家認同：大陸學者的觀點」，主要是從大陸學者角度探討為何經濟整合未能向政治整合進一步靠近。他們認為台灣民眾的國家認同是影響建立兩岸政治互信的關鍵因素，因此有必要針對台灣民眾的國家認同進行剖析，以利讓兩岸民間社會的力量進一步釋放出來，進而引導和推動兩岸和平發展的新力量，成為兩岸公權力部門合理有效的補充。因大陸學者近來參與官方決策的機會增加，故透過中國大陸學者關於台灣民眾國家認同的正確認識，以及兩岸關係究竟會否因為各方面的交流增加，而拉近彼此對於國家認同的差距，將有助於釐清認同因素在兩岸經濟整合與政治整合中的作用。

首先，本章將針對大陸學者關於國家認同的理解，以及認知台灣民眾的國家認同現況進行介紹。其次，則是著重討論大陸學者對於台灣民眾國家認同形成的原因，並將之進行歸類與比較及其所代表的意涵。再次，將整理大陸學者關於改變台灣民眾國家認同趨勢的策略，並評估其能否達到預定的效果。最後，則是本文的結論，將綜合討論大陸對於台灣民眾國家認同的理解與所採行的改變策略，對於拉近兩岸民眾的國家認同差距，能否產生預期的作用。

　　第五章是「台灣的文化認同與政治認同：大陸學者的觀點」，主要是接續第四章的內容，因為有大陸學者指出兩岸經濟、文化、社會交流，可以作為連結認同的紐帶，更多的是一種邏輯推理。也有大陸學者認為，對台灣而言，再多的「惠台政策」，也很難強化台灣部分民眾對於中國的認同；讓更多觀光客來台，如果沒有強化彼此的認同措施，只是會增加彼此「不同主體」的感覺。反「兩岸服務貿易協議」的太陽花學運，似乎印證了大陸學者所言：兩岸經濟、文化、社會交流，可以作為連結認同的紐帶，更多的是一種邏輯推理；再多的「惠台政策」，也很難強化台灣部分民眾對於中國的認同。

　　有鑑於此，大陸學者認為有必要採取縮短兩岸政治認同差距的辦法，強化文化認同很明顯被視為是有效方案之一，其可行性究竟如何？首先，將針對大陸學者對於文化認同的內涵及其各個面向進行文獻回顧，著重討論為何在此時此刻，大陸學者會認為文化認同的重要性在增加當中。其次，

則是分析文化認同的利基與促進其發展的途徑。再次，則置焦點於文化認同在促進政治認同所面臨的問題、限制及轉化。最後，則是本章結論，將綜合爬梳文化認同與政治認同之間的關係。第六章則為本書的結論，會將二、三、四、五章的各章內容，作一綜合性的總結，以說明以認同角度探討整合的適切性。

第二章
亞太經濟整合與台灣的挑戰：
認同與朋友式無政府狀態途徑[1]

第一節　前言

　　2019年在亞洲地區的經濟整合有許多新的發展趨勢，包括原本由美國為主導、橫跨太平洋兩岸12國的跨太平洋經濟夥伴關係（Trans-Pacific Partnership, TPP），在美國退出、改由日本主導的全面進步經濟夥伴關係（Ccomprehensive Progressive Trans-Pacific Partnership, CPTPP）已生效。大陸商務部官網發布，「東協10+6」談判（Regional Comprehensive Economic Partnership, RCEP）在市場准入和案文談判中取得積極進展，重申推動談判在2019年結束的共識，各國表示將全力以赴達成目標。[2]

　　由於台灣均非上述經濟整合組織的會員國，再加上對外雙邊自由貿易談判遲遲沒有新的進展，可以想見周邊環境對

[1] 本章曾被收錄於郭武平編，一帶一路倡議下的歐亞合作與臺灣的機會及挑戰，台北：五南出版社，2019，47-74
[2] 戴瑞芬，RCEP部長會議發表聯合聲明 擬11月達成共識協議，聯合報，2019年3月4日，https://udn.com/news/story/7331/3677068。

台灣未來的對外貿易發展，將愈來愈不友善。以南韓為例，南韓雖未加入TPP（CPTPP）的貿易談判，但是一方面因為已是RCEP會員國，另方面又與亞太主要市場美國已經形成自由貿易區，所以有否加入TPP（CPTPP）對其外貿的影響不是太大。但是台灣卻不是如此，既未參與區域經濟整合組織的談判，亦未與主要貿易國簽訂自由貿易協定，一旦亞洲區域經濟整合程度深化，勢必會對台灣的對外貿易形成重大挑戰。

　　台灣面對日益深化的亞太經濟整合趨勢，理應設法調整經濟體質，以減緩國內部分產業衝擊情況下，加快腳步加入區域經濟組織。不過台灣不但沒有設法迎頭趕上，反而因為受到國內所得M化的影響，老百姓擔心對外開放會讓所得分配更為不均，以致於限制對外貿易開放的速度。歷來研究區域整合組織都是從權力、制度及認同的角度分析，由於認同途徑的研究日益重要，故本文是以認同的研究途徑，來探討亞太經濟整合與台灣的挑戰。

　　為了達成上述目的，本文首先將檢視認同途徑在經濟整合中的重要作用，同時分析建溝主義學者溫特所提出的康德式／朋友式的無政府文化，究竟是否適用於討論亞太經濟整合。其次，將探討亞洲重要的經濟組織——東協共同體的發展現狀及其目前所面臨的困難，在東協共同體的建構過程中，認同及朋友式的無政府文化究竟發揮了什麼作用。再次，將討論已在2016年完成簽署的TPP、2019年生效的CPTPP，在美國退出後，反映出什麼樣的經濟整合之意義。

第四，則將焦點放在另一個重大經濟協議——RCEP的最新進展及其可能面臨的困難，尤其會關注在區域內有領土紛爭、社會文化制度有重大差異情況下，如何捐棄成見，讓談判能夠繼續下去，究竟要如何讓協議儘速達成？最後，則是探討台灣在亞太經濟整合的新趨勢中，究竟能做什麼？另外也要從認同的角度來分析，台灣未來能否在此種新趨勢中，找到自己應有的位置。

第二節　文獻回顧：
認同與朋友式無政府文化的關鍵性

後冷戰地緣政治環境變化，促進了區域合作的發展趨勢。[3] 區域主義或整合固然有不少探討的途徑，不過如韓國學者Lyou, Byung-Woon所言，主要有二種，分別為新功能主義（neo-functionalism），以及建構主義（constructivism）。[4] 前者主要是透過區域的制度建構，來回應各國對於經濟與功能性的需求，後者雖然著重探討權力與能力的公平分配，但是亦將焦點置於區域整合中的社區認同（communal identity）。[5] 儘管Lyou, Byung-Woon是用新功能主義的研究途徑來探討區域整合，但是他也指出，東北亞國家已經將愈

3　Tan Ern Ser, Gloria Arlini, and Fairoz Ahmad, "Imaginings, Identity, Integration: Asia in the Minds of Singapore Students", GIARI Working Paper Vol.2008-E-25, Waseda University, Japan, February 9 2009, 1-35.

4　Lyou, Byung-Woon, "Building the Northeast Asian Community", *Indiana Journal of Global Legal Studies,* Summer 2004, Vol.11 Issue 2, 257-310.

5　Lyou, Byung-Woon, "Building the Northeast Asian Community".

來愈多的注意力，放在制度性地表達本身的認同部分。[6]

　　不僅Lyou, Byung-Woon表示認同在區域整合中的重要性愈來愈高，Anssi Paasi也認為在過去十幾二十年內，認同與區域、區域主義、邊界一樣，在許多領域都成為關鍵字。[7]此外，Anssi Paasi也指出，認同在管理與計畫方面也愈來愈重要，因許多學者現都將區域當作是種社會建構（social construct）與權力關係的表述，儘管有時候這樣的論點在實際的運作上不是非常明確。[8]Anssi Paasi另外亦表示新區域主義是由三個彼此相關的概念所構成，一是在全球化的環境下，組成共同的經濟戰略；二是新型態的文化認同感；三是社會互動中共存感的協處。[9]很明顯不論是文化認同感，或者共存感，實際上都與區域認同有關。由此可見，區域認同在區域整合中的確有其重要性，而區域認同的核心即為擁有共同的社會文化。

　　當然強調社會文化在經濟整合的重要性高於權力平衡與經濟制度的重要學者，莫過於溫特（Alexander Wendt）；摩爾（Gregory J. Moore）並將溫特所寫的書《國際政治的社會理論》（Social Theory of International Politics），視為是自華茲1979年的經典著作《國際政治的理論》（Theory of International Politics）以來，最重要且最具影響力的國際關

---

[6]　Lyou, Byung-Woon, "Building the Northeast Asian Community".

[7]　Anssi Paasi, "The Region, Identity, and Power", *Procedia Social and Behavioral Science,* 14, 2011, 9-16.

[8]　Anssi Paasi, "The Region, Identity, and Power".

[9]　Anssi Paasi, "The Region, Identity, and Power".

係書籍，[10]可謂是對溫特推崇備至。溫特將無政府狀態的結構與文化分成三類，分別是霍布斯式（Hobbesian），洛克式（Lockean）及康德式（Kantian），相關特點如下：

表2-1：溫特的三種無政府狀態文化／結構

無政府的文化	主導角色	建構產出與維護的途徑
霍布斯式	敵人	武力
洛克式	競爭者	價格
康德式	朋友	合法性

資料來源：轉引自Gregory J. Moore, "Constructing Cooperation in Northeast Asia: historical Northeast Asian dyadic cultures and the potential for greater regional cooperation", 895-896.

　　溫特的總結認為，當前的國際體系，儘管還有許多問題存在，但是早已經由霍布斯式的無政府狀態，進入以洛克式無政府狀態的範疇內。[11]摩爾也認為歐洲，或至少是西歐可以共享康德式／朋友的無政府狀態，北美洲亦復如此；東北亞由於仍然許多分歧，最多僅能被視為是洛克式無政府狀態。[12]不過摩爾也未如此輕易放棄東北亞的整合進程，認為只要能夠有效處理歷史問題，就能夠為區域信任建構提供解答。[13]由此可見，認同途徑及其背後預設康德式／朋友的無

[10] Gregory J. Moore, "Constructing Cooperation in Northeast Asia: historical Northeast Asian dyadic cultures and the potential for greater regional cooperation", *Journal of Contemporary China*, Vol.22, No.83, 2013, 887-904

[11] Gregory J. Moore, "Constructing Cooperation in Northeast Asia: historical Northeast Asian dyadic cultures and the potential for greater regional cooperation". 895-896.

[12] Gregory J. Moore, "Constructing Cooperation in Northeast Asia: historical Northeast Asian dyadic cultures and the potential for greater regional cooperation". 895-896.

[13] Gregory J. Moore, "Constructing Cooperation in Northeast Asia: historical Northeast

政府狀態，比自由主義及現實主義途徑，更能對亞太經濟整合提供助力。

　　當然這不代表自由主義與現實主義途徑不適用解決經濟整合的發展，或許剛開始是基於現實主義有關，如TPP是美國歐巴馬政府「亞太再平衡」戰略的重要工具，但是若要落實或深化經濟整合的進程，就必須運用認同與朋友的無政府文化途徑。換言之，美國雖然不是亞洲國家，但倡議建立的TPP中有許多亞洲國家，基於相同的理念或認同的重要性日增，美國要達成貿易自由化目標，勢必要採取相關措施來向主要貿易夥伴證明，美國是與他們站在一起的，同屬共同體一部分。Peter A. Petri and Michael G. Plummer就特別就此解釋，美國前國務卿希拉蕊（Hilary Clinton）為何必須要在TPP議題上，聲明「美國的未來與亞太區域的未來連在一起，區域的未來也必須依賴美國」。[14]美國川普總統上台後退出TPP，也說明他不再認同美國未來的與亞太區域連在一起，不再視為共同體，而是採取美國優先的手段。

　　就現有的CPTPP而言，越南毫無疑問是經濟發展最落後的國家，能夠成為正式會員國加入談判協議的重要原因，就是許多其他會員國不希望此一協議被認定為富國俱樂部（rich country club）。[15]在非常早期的階段讓越南就成為正

Asian dyadic cultures and the potential for greater regional cooperation". 895-896.

[14] Peter A. Petri and Michael G. Plummer, "The Trans-Pacific Partnership and Asia-Pacific Integration: Policy Implications", *Policy Brief,* No. PB12-16, June 2012, 1-10.

[15] Deborah Elms and C.L. Lim, "The Trans-Pacific Partnership Agreement (TPP) Negotiations: Overview and Prospects", *RSIS Working Paper*, No.232, 21 February 2012, 1-25.

式會員國的目的，就是希望能夠形成會員多樣性的現象，以利未來能夠吸引亞太地區具有相同理念的已開發及開發中國家的加入。[16]由此可知，讓現有及未來會員國認同彼此是屬於同一集團，在進一步經濟整合過程中十分重要。這也可說明認同途徑在經濟整合過程中的關鍵性。尤其是美國與越南曾經打過越戰，為了經濟整合而連在一起，很難不用康德式／朋友的無政府狀態來解釋。

　　學者們對於民族主義論述的發展，也可以幫助吾人瞭解認同具有建構與想像的成分。傳統民族主義論者（nationalist）強調與使用共同血緣、歷史神話、宗教信仰、語言、風俗習慣等來區分民族的差異性，然而因為此等劃分標準無法經得起檢驗，以致於逐漸被揚棄與取代。[17]晚近的民族主義論者，則轉而強調共同想像或建構共同想像來作為區隔不同民族的標準。安德森（Benedict R. O'Gorman Anderson）將民族定義為想像的共同體（imagined communities）[18]。蓋納（Ernest Gellner）主張民族是被創造出來的，因此他認為是先有民族主義再有民族的形成。[19]霍布斯本（E.J.

[16] Deborah Elms and C.L. Lim, "The Trans-Pacific Partnership Agreement (TPP) Negotiations: Overview and Prospects".

[17] 江宜樺，自由主義、民族主義與國家認同，台北：揚智出版社，1998年，65。另外黃昭堂、許極燉也都認為血統無法作為區分不同民族的依據，請參見黃昭堂，戰後台灣獨立運動與台灣民族主義的發展，施正鋒編，台灣民族主義，台北：前衛主版社，1994年，200-201；許極燉，苦悶的民族，許極燉編，尋找台灣新地標：從苦悶的歷史建構現代視野，自立晚報文化出版社，1993年，2。

[18] 班納迪克・安德森（Benedict R. O'Gorman Anderson），吳叡人譯，想像的共同體：民族主義的起源與散布，台北：時報出版社，1999年。

[19] Ernest Gellner, *Nations and Nationalism*, (Ithaca: Cornell University Press), 1983,

Hobsbawm）則表示，民族是特定的時間與空間下的產物，國家與民族主義不是由民族所創造出來的，相反地，是國家與民族主義創造出民族。[20]換言之，民族是建構或被想像的產物，不是由原生的血緣所決定。

普爾（Ross Poole）曾對安德森（Anderson）與蓋納（Gellner）構成民族的條件說提出批評。普爾認為，他們主張民族是在人們心中作為印象的想像之物、為近代化的產物，讓人感到有幾分的不合理；但是普爾僅提出文化來作為想像與產生的補充，沒有完全顛覆安德森與蓋納的理論。[21]因此，用「想像共同體」來作為不同民族的標準，已成為學術社群共同接受的共識。此外，普爾的補充，也說明本文將認同與康德式／朋友的無政府文化予以結合，有理論上的可行性。由此可知，即使亞太各國的民族與政治制度有許多差異，但透過想像共同體的建構，是有機會可以克服彼此之間的差異，進而加速區域的整合的深度與廣度。

建構共同體也可在經濟整合模範生——歐洲聯盟在整合方面的深化看到痕跡。在歐盟2005年完成的建立歐洲憲法條約的前言中，明確提及他們相信在保有每個國家值得驕傲的國家認同與歷史下，歐洲百姓決定要超越他們以前的分歧，更緊密的聯合以建構共同的命運（common destiny）；也相

6-7.與Ernest Gellner, *Nationalism,* (New York: New York University Press), 1997, p.viii.（請參考Gellner之子David N.Gellner之序）

[20] E.J.Hobsbawm, *Nations and Nationalism Since 1780:Programme, Myth,Reality*, 2nd ed. (Cambridge: Cambridge University Press, 1992), 9-10.

[21] Ross Poole, *Nation and Identity*, (London: Routledge, 1999), 9-43.

信在多樣化中的聯合（United in diversity），歐洲可以提供給百姓最好的機會，去追求成就人類希望的一個特別地區的偉大旅程。[22]不論是共同命運或者特別區域都在強調認同，雖然後來《歐洲憲法條約》因為法國與荷蘭公投反對而暫由《里斯本條約》（Lisbon Treaty）取代，不過這更說明認同在整合深化中的關鍵性。

至於在RCEP的相同理念與認同議題方面，誠如瓊斯與史密斯所言，兩極世界的崩潰，提供東南亞國協的政治人物及學者一個新的空間，去宣揚「亞洲途徑」的理念，藉以解決所面臨的問題，以及挑戰西方價值。[23]瓊斯與史密斯更一步解釋，演進中的「亞洲途徑」相對而言，更看重理念與心靈的契合、建立共識、同儕壓力以及單邊採取好及適當的行為（good and proper behaviors）。[24]

就此觀點而言，由於大部分的RCEP協商的國家都屬於亞洲國家，共享「亞洲途徑」的可能性更高，所以若因此估計RCEP較易達成協議，應是合理的推論。就如同羅富（Jim Rolfe）所強調的，有利於整合的區域，在於區域內國家在地理上具有近似性，且有廣泛的政治、經濟與社會關係，並透過正式與非正式制度與網絡來定義彼此的關係。[25]換言

---

[22] European Communities, *Treaty Establishing a Constitution for Europe*, Luxembourg: Office for Official Publications of the European Communities, 2005.

[23] David Martin Jones and Michael L.R. Smith, "ASIAN's Imitation Community", *Orbis,* Winter 2002, 93-109.

[24] David Martin Jones and Michael L.R. Smith, "ASIAN's Imitation Community".

[25] Jim Rolfe, "A Complex of Structures: Functional Diversity, Regional Consolidation, and Community Development in the Asia-Pacific", *Asian Affairs,* Vol.33, No.4, Winter

之，「亞洲途徑」將重要焦點置於非正式制度與網絡，對於成員國均為亞洲國家的RCEP，相對而言達成協議的可能性似乎更高。

此外，亞洲途徑也具有認同及朋友式無政府文化的特性，其中最佳的範例莫過於APEC。根據APEC的運作原則，它是一種強調合作與多邊的經貿論壇，是以經濟體會員（member economies）而非國家為主體，更是在公開對話與尊重所有參與者意見的基礎上互動。[26]此外，在APEC論壇中，所有經濟體都能平等表達意見且決策是共識決，也沒有約束性承諾或條約義務（binding commitments or treaty obligations），所有承諾都是基於自願的基礎，所有能力發展的計畫旨在幫助會員執行APEC的倡議。強調共識與非約束性承諾，以及以經濟體為會員而非國家等，均符合認同及朋友式無政府文化途徑。

由以上論述可知，在亞太區域整合最重要的兩大經濟組織TPP與RCEP，儘管都有權力平衡與拓展市場的制度考量，但是相同理念與認同的增進似有推進整合速度的關鍵性，否則無法解釋為何美國要聲明其未來發展與亞太國家的未來緊緊連在一起；亞洲國家要強調以「亞洲途徑」來解決本身所面臨的政治、經濟與社會問題。由於RCEP主要是由東協國家所倡導的，因此以下篇幅除了探討認同與朋友

2007, 217-234.

[26] APEC, "APEC: Cooperation and Consensus", https://www.apec.org/About-Us/About-APEC

式的無政府狀態在RCEP與TPP方面的作用外，亦不能忽略探討亞太經濟整合的具有重要指標意義的「東協共同體」ASEAN Community，以認同與朋友式的無政府狀態在其間的作用。

第三節　東協共同體（ASEAN Community）

　　東協10國領袖在1997年舉行的吉隆坡高峰會中，確立願景2020（vision 2020）的宣言。該願景是希望在2020年時，東南亞國家能夠採取一致性的對外政策，並且生活在和平、穩定及繁榮的環境，共同建立和平解決爭端、動態發展夥伴及關懷社會的共同體。[27]以東協國家不論在經濟發展速度或政治制度的差異都頗重大的情況下，若真能在2020年達成共同體的目標，已經是不容易的成就。不過隨著時間的演進，東協國家似乎不以此為滿足。

　　就在2007年1月所舉行的高峰會中，東協國家確認要加速在2015年前建立「東協共同體」（ASEAN Community）的堅定承諾，並且也簽署了加速在2015年前建立ASEAN Community的宿霧宣言（Cebu Declaration）；[28]共同體的認同內容大體包含團結與合作、逐漸整合的市場，以及更開放的社會。[29]不僅如此，為加速建構共同體的進度，在同年11

---

[27]　ASEAN, "ASEAN Vision", http://www.asean.org/news/item/asean-vision-2020。

[28]　建立ASEAN Community的時間表請參閱http://www.asean.org/asean/about-asean。

[29]　Kristina Jonsson, "Unity in Diversity? Regional Identity Building in Southeast Asia", Working Paper No.29, 2008, 1-30, Centre for East and South-East Asian Studies,

月所舉行的13屆東協峰會中，完成《東協憲章》（ASEAN Charter）的簽署，《憲章》並於隔年（2008）12月生效。[30] 值得注意的是，《憲章》明確規定東協發展的方向是將東協建成具有「『同一願景、同一認同、同一個關愛和分享的共同體』（One Vision, One Identity, One Caring and Sharing Community），一個『政治上有凝聚性、經濟上整合、社會上負責任的共同體』」。[31]特別強調願景與認同，說明東協國家明白唯有強化願景與認同才能真正讓彼此的整合加速與完善，權力與經濟利益的考慮恐怕都是次要的。

當然東協國家在建構共同體的過程中，採取「在多樣性中維持整體性」（unity-in-diversity）之困難度是明顯的；因為考慮到許多的族群衝突，以及政府擔心對人民失去控制權，都使此種方法被接受與應用還有長路要走。[32]另外，東協國家不同的價值與政治體系也會阻礙共同體的建立與深化，緬甸政府對待異議份子翁山蘇姬的作法，就曾被威脅要被逐出東協。[33]凡此都說缺乏制度與法律約束，東協共同體

Lund University, Sweden.

[30] ASEAN, "ASEAN Charter", http://asean.org/asean/asean-charter/.

[31] ASEAN, "ASEAN Charter".

[32] Kristina Jonsson, "Unity in Diversity?Regional Identity Building in Southeast Asia", 16; Torsten Weber, "Remembering or Overcoming the Past?: 'History Politics,' Asian Identity and Visions of an East Asian Community", *Asian Regional Integration Review,* Vol.3, 2011 March, 50.

[33] Kristina Jonsson, "Unity in Diversity?Regional Identity Building in Southeast Asia", 11. Joshua Kurlantzick, "Pax Asia-Pacifica? East Asian Integration and Its Implications for the United States", Vol.30, No.3, 2007, 73; Chuka Enuka, "Regional Community Building in East Asia: Problems and Prospects", *Journal of Asia Pacific Studies,* Vol.2, No.1, 2010, 126.

國家仍否走出一條有別於歐洲共同體的路，恐怕仍有許多疑問待解。

例如，Francois Godement表示，亞洲與歐洲雖然都在進行經濟整合，但是雙方存在重大差異；歐洲經濟整合主要涉及法律及制度層面，而亞洲區域經濟整合不僅涉及地緣政治問題，更涉及意識形態與文化的問題，整合難度比歐洲高得多。[34]Francoise Nicolas也認為歐洲與亞洲區域整合的概念十分不同，例如歐洲經濟共同體代表人員、資金及商品的自由流通，亞洲經濟共同體卻只是在強調邁向達成人員、資金及商品之自由流通的過程，只要這個過程仍在持續進行，或者是比過去又邁進了一步（one step further），即被認定為已成立經濟共同體。[35]上述兩位學者的意見，再次說明東協共同體的建立是以認同，即認同亞洲途徑（Asian way）為主要優先考慮因素。

此外，東協國家建立「政府間人權委員會」（Intergovernmental Commission on human rights），也是認同具有優先順位的最好例證。誠如盧永伍與歐瑪莉（Yongwook Ryu and Maria Ortuoste）所言，該委員會的建立令人困惑，因為許多東協國家並非人權的支持者，也不主張以人權之名介入他國內政。[36]相信這不僅是他們兩位的疑

[34] 作者訪談所得。

[35] 作者訪談所得。

[36] Yongwook Ryu and Maria Ortuoste, "Democratization, regional integration, and human rights: the case of the ASEAN intergovernmental commission on human rights", *Pacific Review,* Vol.27 Issue 3, July 2014, 357-382.

問，恐怕是研究東協國家關係學者共同有的疑問。盧永伍與歐瑪莉認為，有兩個因素可以用來解答這樣的疑問，一是關鍵區域國家經歷民主化的緣故，二是在東協共同體的範式下各國致力於區域整合；尤其是後者，是弱化舊有的亞洲途徑範式，以新的善治與負責任範式取代，而善治與負責任正是促進人權發展的重要因素。[37]

　　由以上論述得知，若是以制度的角度而言，基於東協各國不論在政治制度、經濟發展，甚至社會文化存在重大差異情況下，東協國家要在2015年底建立東協共同體幾乎是不可能的任務。然而在東協國家採取非正式制度更重於正式制度的情況下，連過去不重視或甚至避談的人權議題，都能因此捐棄成見成立委員會，政治敏感性更低，卻更有利於達成生活在和平、穩定及繁榮環境之目標，經濟整合當然更容易達成。

　　此外，我們若用康德式／朋友的無政府狀態來解釋東協共同體的建立，亦非常有解釋力。主要是當世界上大部分國家都以敵人或競爭者的角度來看待寮國、緬甸與柬埔寨時，當時東協成員國卻以朋友的角度接納他們，使寮國與緬甸能在1997年及柬埔寨1999年成為東協會員國。換言之，若非因為東協會員國基於認同途徑及其預設的朋友式無政府狀態，東協共同體能夠走到今天，是難以想像的事。

---

[37]　同註17。

第四節　區域全面經濟夥伴關係（RCEP）

　　從東協10國與澳洲、中國大陸、印度、日本、韓國及紐西蘭共16國，在2012年11月20日舉行的東亞高峰會時，決議要展開RCEP協商以來，至2019年2月底止共進行了25回合的談判。[38]若一切按照既定的談判進度規劃，2019年底就會完成談判結論。由於RCEP會員國共有30億人口，且貿易量占全球貿易量有27%（根據2012年世界貿易組織的數字），國民生產總值大約有21兆美金（根據2013年國際貨幣基金的數字），[39]完成經濟整合後對全球貿易的影響力不可小看。

　　儘管目前看來還有諸如：中日韓之間究竟是採三邊自由貿易協定或三個雙邊貿易協定、[40]協商所需要的雙邊友好關係備受各式東亞領土爭議的考驗、[41]會員體中有大的開發中國家及窮國致使協議無法達成高標準、全面自由化目標等問題待解，[42]不過若是各國間能夠過去一直以來協議所依據的

[38]　Ministry of Foreign Affairs & Trade, New Zealand, "RCEP", https://www.mfat.govt.nz/en/trade/free-trade-agreements/agreements-under-negotiation/regional-comprehensive-economic-partnership-rcep/regional-comprehensive-economic-partnership-negotiating-rounds

[39]　Ministry of Foreign Affairs & Trade, New Zealand, "RCEP".

[40]　Masahiro Kawai and Ganeshan Wignaraja, *Patterns of Free Trade Areas in Asia,* Honolulu, Hawaii: East-West Center, 2013, 16-17.

[41]　Christopher M. Dent, Paths "Ahead for East Asia and Asia-Pacific Regionalism", *International Affairs,* Vol.89 No.4, 2013, 963-985.

[42]　Masahiro Kawai and Ganeshan Wignaraja, *Patterns of Free Trade Areas in Asia,* 51; Richard Pomfret, ASEAN's New Frontiers: Integrating the Newest Members into the ASEAN Economic Community, *Asian Economic Policy Review,* Vol.8, No.1, June 2013, 24-41.

「亞洲途徑」（Asian way），找到解決問題辦法，於2019年年底達成協議結論，也並非完全不可能。即使最終未能在2019年年底完成談判，但是認同對RCEP協商談判扮演了重要角色，則毫無疑問。

　　儘管一般公認RCEP是由東協國家發展，且組織發展亦是以東協國家為中心，但是毫無疑問，中國大陸在RCEP的角色愈來愈重要。有論著指出，雖然大陸在經濟發展與權力平衡方面的競爭態勢日益明顯，不過並不影響中日韓三國自由貿易談判的進行，主要原因就是大陸是從認同的角度，而非經濟或權力平衡的角度在看待東北亞三國自由貿易談判。若是中日韓三國未能以擴大認同方式達成經濟整合的目標，RCEP恐怕會在談判進度上有所延宕。

　　另一項不利於RCEP談判的進度，是不少東協國家在經濟整合上願意與大陸接近，但是卻認同美國所主導的世界秩序。[43]這恐怕是中國大陸最近在南海地區與部分東協國家有領土紛爭，甚至造成劍拔弩張的態勢所造成的結果。有消息指出，中國大陸現正考慮要仿照宣布東海防空識別區一般，也在南海區域宣布南海防空識別區。[44]若果如此，勢必更加削弱東協國家對中國大陸的認同，進而影響RCEP的談判進度。

　　日本從原先擔心加入TPP無法對國內農民、汽車業者交待，但是也是因為與中國大陸的關係因為東海問題而處於

---

[43] Jagannath P. Panda, "Factoring the RCEP and TPP: China, India and the Politics of Regional Integration", *Strategic Analysis,* Vol.38, No.1, 2014, 49-67.

[44] 國際中心，不甩南海裁決 陸恐設防空識別區，**蘋果日報**，2016年7月11日，http://www.appledaily.com.tw/appledaily/article/headline/20160711/37303000/。

緊張狀態，迫使日本安倍政府不顧國內農民、汽車業者的反彈聲浪，在2013年宣布要參與TPP談判，成為第十二個會員國。因為有資料估算顯示，日本在加入TPP後增加的貿易量有限，加入的主要目的似是藉此平衡中國大陸在區域的影響力。[45]

日本基於權力平衡加入TPP談判，似乎在說明認同因素在經濟整合方面不如權力平衡來得重要。不過，日本並未因此退出RCEP的談判，在地理臨近上，以及在社會文化相似性上，仍然與亞洲國家相近，加之中國大陸積極推動中日韓自由貿易協定更多地是從認同的角度出發，希望能發展出有別於西方價值的亞洲自由貿易區，凡此都在說明認同在經濟整合上的重要性，仍不能予以忽略。

不僅如此，中國大陸現在看重「軟實力」，而且現在在亞洲的「軟實力地位也在上升之中；[46]發展更緊密的東協加三的關係，不但有助於發展出區域認同的感受，更可以為區域問題找到解答。[47]凡此都在說明認同在整合中的重要性日增。更何況中國大陸過去被視為吸引國外投資，是建立在其他亞洲國家的損失上，不過實證研究顯示，這些都是誇大的說法，實際上是中國大陸經濟的動力在幫助亞洲的其他經濟

[45] Hidetaka Yoshimatsu, "Diplomatic Objectives in Trade Politic: The Development of the China-Japan-Korea FTA", *Asia-Pacific Review*, Vol.22, No.1, 2015, 100-123.

[46] Dilip, K. Das, "China and Asian Economies: mutual acceptance, economic interaction and interactive dynamics", Journal of Contemporary China, Vol.22, No.84, 2013, 1089-1105.

[47] Dilip, K. Das, "China and Asian Economies: mutual acceptance, economic interaction and interactive dynamics". 1089-1105.

體。[48]東亞國家的此種以朋友彼此幫助來促進經濟整合過程而言，誰又能否定其實亞洲國家也有康德式／朋友的無政府文化呢？

2013年當中國大陸基於解決三大國內外問題，包括解決國內產能過剩問題、避免落入中等收入陷阱，以及因應不利的地緣政治格局，提出「一帶一路」倡議（陸上絲綢之路經濟帶與海上絲綢之路）。[49]然而為了落實「一帶一路」倡議，大陸國務院發改委、外交部及商務部發布的「推動共建絲綢之路經濟帶和二十一世紀海上絲綢之路的願景與行動」的方案，特別強調要堅持「共商、共建、共用」原則，共建「一帶一路」途徑是以目標協調、政策溝通為主，不刻意追求一致性，可高度靈活，富有彈性，是多元開放的合作進程。[50]

不僅如此，該方案還強調「一帶一路」是一條互尊互信之路，一條合作共贏之路，一條文明互鑒之路；只要沿線各國和衷共濟、相向而行，就一定能夠譜寫建設絲綢之路經濟帶和21世紀海上絲綢之路的新篇章，讓沿線各國人民共用「一帶一路」共建成果。[51]大陸當局在落實「一帶一路」行動方案中，強調共商共建、不追求一致性、多元開放、互尊

48　Dilip, K. Das, "China and Asian Economies: mutual acceptance, economic interaction and interactive dynamics".

49　張子揚，中國倡議一帶一路之分析，郭武平編，**一帶一路倡議與歐亞合作初探**，台北：五南，2017年7月，165-196。

50　發改委、外交部及商務部，推動共建絲綢之路經濟帶和二十一世紀海上絲綢之路的願景與行動，劉偉編，**改變世界經濟地理的一帶一路**，台北：龍時代，2016年11月，246-261。

51　發改委、外交部及商務部，推動共建絲綢之路經濟帶和二十一世紀海上絲綢之路的願景與行動。

互信等，顯然刎合認同和朋友式無政府文化的途徑。由此可知，不是只有西歐及北美適用康德式／朋友式無政府狀態，亞洲國家同樣也具備這樣的條件，如此也說明儘管中國大陸與東協國家有領土紛爭，但是不會輕易放棄進一步拓展經濟的機會。

第五節　跨太平洋夥伴（全面進步）協定（TPP、CPTPP）

　　TPP係由智利、新加坡、紐西蘭、汶萊等四國，在2005年率先發起的亞太區域自由貿易組織。自2008年起至2012年止，隨著美國、澳洲、祕魯、越南、馬來西亞、墨西哥、加拿大先後加入，以及日本於2013年7月加入談判，使得該組織現有12個會員國。美國及其他夥伴將TPP協議視為全面性、下一代的區域協議，不僅可以讓貿易與投資更加的自由化，也可以著手解決新型與傳統貿易議題及21世紀的挑戰。美國雖然不是發起國，但係因世界最大經濟體，自從加入後就成為TPP的領導國，美國領導（US-led）就成為描述TPP的常態。

　　美國貿易代表署代表Michael Froman在2015年1月在參議院作證時更表示，TPP預定在數月內（small number of months）達成談判結論。[52]但有學者認為至少有以下3項因素

---

[52]　Christopher White, "Asia trade deal coming together quickly, Froman says" *Washington Time,* http://www.washingtontimes.com/news/2015/jan/27/michael-froman-trans-

影響完成談判之預定目標，包括：1.各談判成員是否能夠針對TPP各項爭議議題作出最後政治決定；2.美日兩大經濟體在敏感農產品與汽車市場進入議題之雙邊談判，是否能在日本安倍內閣於眾院大選獲勝，重新取得政治支持後達成突破性的談判成果；3.美國國會是否能在明年通過對TPP的貿易促進授權（Trade Promotion Authority，TPA）法案。[53]

　　TPP原本預期在美國夏威夷舉行的第20回談判，可望完成談判及簽署協議，不過由於美國、加拿大、日本、紐西蘭、墨西哥之間，在農業問題上仍存在重大歧見，導致談判破局，未能如預期般達成協議。[54]儘管談判破局，但是距離各國要在2015年底簽署協議的可能性仍然是存在的，畢竟談判已完成98%。[55]果不其然，各國在短期內擇期再談判，讓那剩下的2%差距縮小，進而在2015年底完成談判及簽署協議。

　　另一項有利於TPP完成談判並正式進入運作的有利因素，即曾經作為主導國的美國，由行政部門提案交由國會審議的TPA，希望能夠加速協議簽署後之審議程序，使會員國早日享受達成協議的好處。不過，在美國國內有不少對該法案有疑慮的反對聲浪，擔心該法案通過後將更不利於美國

pacific-partnership-asia-trad/

[53]　葉長城，2014年TPP談判進展及其對我國之經濟影響與因應評析，**經濟部全球台商e焦點電子報**，263期，2014年12月30，http://twbusiness.nat.gov.tw/epaperArticle.do?id=265486359。

[54]　李關雲，TPP談判完成98%：夏威夷部長級會議無功而返，**新浪網**，2015年8月4日，http://m.news.sina.com.tw/article/20150804/14894106.html。

[55]　同前註。

的就業率，以致於在眾院通過後，參院遲遲未通過是項法案。[56]在美國總統歐巴馬大力鼓吹之下，美國參院日前終於通過TPA。不僅對於美國推動加速TPP談判速度，甚至對於其他TPP會員國，都是好消息。這也是為何TPP得以於2015年10月完成談判，並於2016年2月簽署。[57]

縱然曾經美國主導TPP看似著眼於以制度為主的經濟發展，且很難不將TPP與美國歐巴馬政府推動「亞洲再平衡」戰略相互聯結。不過，讓越南這樣的開發中國家加入TPP，則純粹是希望不要讓該被組織定位為「富國俱樂部」（rich country club），可以藉多元化的會員體，來聲稱已開發與未開發國家同為一體。[58]由此看來，與其以制度及權力的角度來分析區域經濟整合，倒不如以認同因素，更易準確地分析經濟整合的深度與廣度。

尤其是美國新任總統川普（Donald Trump）正式就任後，在2017年1月23日簽署第一個文件就是退出TPP，[59]可說是以認同及其背後預設的朋友式無政府狀態來解釋TPP整合之更

---

[56] 請參見William Greider, "This year free trade scam", *The Nation*, Jan 26, 2015, 22-25; Comment, "Wrong-Way Obama: he may leading us toward economic catastrophe", *The Nation*, Mar 2/9, 2015, 5; Editorial, "Fair Trade, Not Free Trade", America, May 18, 2015, 5.

[57] Department of Foreign Affairs & Trade, Australian Government, "TPP text and associated documents", http://dfat.gov.au/trade/agreements/tpp/official-documents/Pages/official-documents.aspx

[58] Deborah Elms and C.L. Lim, "The Trans-Pacific Partnership Agreement (TPP) Negotiations: Overview and Prospects", *RSIS Working Paper*, No.232, 21 February 2012, 1-25.

[59] Ministry of Foreign Affairs & Trade, New Zealand, "TPP", http://www.tpp.mfat.govt.nz.

有利的例證。基於美國的退出，其餘11個會員國在2017年3月舉行會議，肯定TPP具有經濟及戰略上的重要性，特別是作為區域經濟整合的重要工具；因此資深官員也都同意，接下來的幾個月會就TPP的未來進行諮商。[60]11個跨太平洋夥伴關係協議（TPP）成員國在越南峴港APEC領袖會議期間宣布達成共識，將美國退出後的新架構更名為「跨太平洋夥伴全面進展協定」（CPTPP）持續推動。[61]CPTPP最終在2018年12月30日生效。

川普執意在就任總統後退出談判經年並已簽署協議的TPP，恰恰說明以權力及制度的角度來解釋亞太經濟整合有其侷限性，也說明以認同途徑及其背後預設的朋友式無政府狀態來分析經濟整合的必要性。若是TPP是美國亞太再平衡的重要支柱，或者是防止中國大陸崛起的重要工具，為何川普上台後就完全不重要了呢？川普在就任前曾表示，上任後就會簽署退出TPP的文件，因那對我們國家是一種潛在的災難（a potential disaster for our country）；他認為美國要協商出公平的雙邊貿易協定，將工作與工業帶回美國本土。[62]很明顯川普不將TPP的成員國視為是朋友，即使不是敵人，也

---

[60] Ministry of Foreign Affairs & Trade, New Zealand, "TPP".

[61] 陳鷖人、彭媁琳，經濟部常務次長王美花：我加入CPTPP 政治面難度高，**中時電子報**，2017年11月28日，http://www.chinatimes.com/newspapers/20171128000987-260202。

[62] Gavin Fernando, "What would America's withdrawal from the TPP mean for Australia?" http://www.news.com.au/finance/economy/world-economy/what-would-americas-withdrawal-from-the-tpp-mean-for-australia/news-story/a056dbc17e0d0b500c47f8ff50226ad6

是競爭者。例如川普曾表示美國工人將會被保護，防止來自於低薪國家如越南與馬來西亞的競爭。[63]其態度與當初希拉蕊認為「美國的未來與亞太區域的未來連在一起」有天壤之別，退出TPP是自然不過的事。

泰國學者Thitinan Pongsudhirak and Pavida Pananond特別比較了川普與前任歐巴馬總統在對待亞太區域經濟整合的不同態度。[64]他們認為歐巴馬堅定支持以制度為基礎的全球秩序，因此他主持及參與東南亞領袖會議的次數是歷任美國總統之最，認為民主與人權價值比地緣政治更具有優先順位。[65]換言之，就是受到認同與朋友式無政府狀態的影響。反觀川普，卻是有不一樣的態度，將利益的優先順位擺在價值之上，不偏好及不信任區域主義及多邊主義。由此可看出認同與朋友式無政府狀態在TPP整合中的重要性。

就在川普宣布上任後要退出TPP時，澳洲商務部長Steve Ciobo指出，若沒有美國，TPP就不成協議，因為該協議需要被認證才能施行；如果眾會員國都認為排除美國，而針對協議進行小修正就可生效，這也是另外一種選擇；當然也可以尋找其他國家如印尼及中國加入，如果他們願意參與的

[63] Peter Baker, "Trump Abandons Trans-Pacific Partnership, Obama's Signature Trade Deal", https://www.nytimes.com/2017/01/23/us/politics/tpp-trump-trade-nafta.html

[64] Thitinan Pongsudhirak and Pavida Pananond, "Trump faces prosperity and insecurity in Southeast Asia", https://www.csis.org/analysis/pacnet-83-trump-faces-prosperity-and-insecurity-southeast-asia

[65] Thitinan Pongsudhirak and Pavida Pananond, "Trump faces prosperity and insecurity in Southeast Asia".

話。[66]澳洲商務部長竟然想要以中國來加入TPP，來取代美國的退出，更說明他不是純粹從競爭者或敵人的角色來看待中國，而是以朋友的角色來看待，這也可看出以認同與朋友式無政府狀態途徑來分析亞太經濟整合的有效性。

Peter Martin引用世界銀行的報告指出，TPP在2030年前只會對促進澳洲經濟成長0.7%。[67]若只是基於經濟制度的原因，15年內只有0.7%經濟成長率的誘因未免太低，背後顯有超越經濟制度的原因。澳洲國際法專家、雪梨大學法學院兼任教授Donald Robertson，不僅將TPP視為區域內的經濟憲法（economic constitution），亦視為亞太地區的價值鏈（value chains）與互聯市場。[68]既然澳洲不將中國視為敵人或競爭者，再加上經濟制度的誘因極低，以朋友或價值鏈作為澳洲加入TPP的主要因素，豈非更合理！

類似的故事，也發生在TPP成員中經濟發展較好的紐西蘭國內。該國在TPP協議談判進行同時，也正在進行國旗應否變更的辯論。紐西蘭政治評論家Brent Edwards就指出，改變國旗與TPP協議同樣是關於認同，也同樣是關於紐西蘭的未來，但是政府只讓公民有機會來決定改變國旗進行公投，

---

[66] Gavin Fernando, "What would America's withdrawal from the TPP mean for Australia?".

[67] Peter Martin, "Trans-Pacific Partnership will barely benefit Australia" http://www.smh.com.au/federal-politics/political-news/transpacific-partnership-will-barely-benefit-australia-says-world-bank-report-20160111-gm3g9w.html

[68] The Sydney Morning Herald, "TPP: Will the Trans-Pacific Partnership really benefit Australia?" http://www.smh.com.au/business/the-economy/tpp-will-the-transpacific-partnership-really-benefit-australia-20151006-gk24so.html

第二章　亞太經濟整合與台灣的挑戰：認同與朋友式無政府狀態途徑

卻否決公民有權決定TPP協議透明度不足的未來。[69]另一位政治評論家Tom Peters更表示，在紐西蘭抗議TPP協議，無形中促進了毛利民族主義（Maori nationalism）的發展。[70]如果TPP協議本身沒有涉及跟認同有關的內容，又怎麼會被抗議者視為與認同有關？由此更可說明，以認同其預設的朋友式無政府狀態途徑來理解亞太經濟整合的適切性。

第六節　台灣面臨的挑戰

　　正當TPP、RCEP在2019年都有新的發展趨勢之際，台灣反而在參與區域經濟整合上沒有新的進展。原本政府想要藉由與大陸簽訂服務貿易及貨品貿易協議，以緩解與區域國家間洽簽自由貿易協定時，可能來自於大陸有形及無形的壓力，並且利用大陸工廠及市場走向亞洲與世界。隨著服務貿易在2013年6月完成簽署後在立法院卡關，影響後續貨品貿易談判的進度，進而使得政府想要利用大陸工廠及市場走向亞洲與世界的計畫遭受挫敗。

　　韓國面對大陸的態度，或許可以成為台灣的一面鏡子。不論就人口數量、國民生產總值及產業競爭力等實力超過台灣不少的南韓，都基於增強貿易競爭力而與大陸於2014年底簽訂自由貿易協議，台灣應思考在參與區域經濟整合的過程

---

[69]　Brent Edwards, "Democracy in and out of action", http://www.radionz.co.nz/news/on-the-inside/280135/irony-in-tpp-vs-flag-debate

[70]　Tom Peters, "New Zealand: Anti-TPP protests promote Maori nationalism", https://www.wsws.org/en/articles/2016/03/10/nztp-m10.html

中，究竟能否跨越來自於大陸的影響力？尤其是南韓日前與大陸簽署自由貿易協定，據悉就是受到兩岸簽訂兩岸經濟合作框架協議（Economic Cooperation Framework Agreement, ECFA）的刺激，更應對台灣要拓展對外貿易有所啟示。[71]

　　台灣當然可以透過經濟轉型、品牌研發將產品直接推到全球市場，以迴避來自於大陸的壓力。不過，中華經濟研究院院長吳中書日前也指出，國內部分人士對「中國」持高度保留態度，但中國在國際經濟中的重要性與日俱增，即便這次服貿跳過，未來台灣在談TPP、RCEP等「不可能不碰到他」、「還要逃避下去嗎？」；吳中書另分析，RCEP若談判完成，台灣積極努力，可望在談判完成後第2回合加入，但RCEP由中國主導，將再度面對「中國」；而CPTPP雖是日本主導，但會員國與中國貿易程度甚高，CPTPP成員國不太可能願意冒犯中國來允許台灣加入」，台灣一樣再度面臨「中國」問題。[72]

　　美國國會美中經濟與安全檢討委員會（US-China Economic and Security Review Commission, USCC）2014年年度報告關於台灣的部分，特別提到台灣與其他國家洽談雙邊自由貿易協定停擺，係因那些國家擔心中國大陸的反對而有所遲疑，以及在台灣社會大眾強烈反對兩岸服貿協議後，質疑台灣是

---

[71] 何碧娟，Chaiwan威力大！兩岸合作威脅韓國經濟，天下雜誌，2011年4月8日，http://www.cw.com.tw/article/article.action?id=5007833。

[72] 吳中書，反服貿延燒到反貨貿，總能不能永遠繞道而行，中經院網站，2014年4月8日，http://www.cier.edu.tw/content.asp?mp=1&CuItem=22019。

否有能力批准已經談好的自由貿易協定。[73]由此可知，兩岸經濟整合與亞太經濟整合其實就像是連體嬰一樣，很難區隔。為了突破台灣參與亞太經濟整合的困境，從認同著手似乎是不得不然的選擇。處理認同問題區分為兩方面，一方面是如何獲得大陸的認同，另方面是如何得到大多數國人認可與接受的內部認同。

在取得大陸認同方面，大陸國家主席習近平早在2013年2月26日會晤連戰時就指出，「大陸和台灣是休戚與共的命運共同體」，2015年3月28日在出席博鰲亞洲論壇時再次提出「兩岸命運共同體」的說法。[74]說明大陸當局關注認同與經濟互動的關係。對此，大陸學者郭震遠表示，未來可以預料兩岸共同的經濟利益必將更廣泛、更深刻，從而成為「兩岸命運共同體」更重要的組成部分，為「兩岸命運共同體」的強化提供更堅實的基礎。[75]不過亦有大陸學者徐曉迪表示，再多的「惠台政策」也很難強化台灣部分民眾對於中國的認同，更多觀光客來台只會增加彼此「不同主體」的感覺。[76]由此更可看出，認同在經濟合作上的關鍵性，而非經濟合作可以增加認同。

民進黨政府自2016年執政後，由於不認可「九二共識」，使得大陸片面中斷兩岸經濟協商與官方會晤。然而台

---

[73] https://www.uscc.gov/Annual_Reports/2014-annual-report-congress

[74] 李文，習近平提出兩岸共同體五點主張，**BBC中文網**，2015年5月4日，http://www.bbc.com/zhongwen/trad/china/2015/05/150504_cpc_kmt_common_destiny。

[75] 郭震遠，兩岸國家認同的特色與影響，**中國評論**，第181期，2013年11月，9-13。

[76] 徐曉迪，試析論台灣部分民眾國家認同的發展趨勢，**福建省社會主義學院學報**，2013年第1期（總94期），107-111。

北與上海雙城論壇卻能夠在2017年7月如期在上海舉辦，關鍵原因即在於台北市長柯文哲不避諱提及「兩岸一家親」、建構「兩岸命運共同體」。[77]柯文哲模式或可成為台灣爭取大陸認同的方法之一，進而成為台灣在兩岸經濟合作上的突破口，並使台灣在與其他國家或區域組織簽訂經貿協定時不致引起大陸的掣肘。只是在台灣民眾的國家認同日益與大陸認同有所分別的情況下，要同時爭取大陸認同與國內認同並不容易。

例如2008年國民黨重新執政以來，台灣民眾的國家認同，即認同自己是台灣人、中國人或兩者皆是的比例，不但未朝向兩岸融和的方向發展，僅認同自己是台灣人的比例反而屢創新高。根據政治大學選舉研究中心2013年6月公布的資料顯示，認為自己是台灣人的比例為57.5%，比2008年的48.4%高出將近10%。[78]由於台灣民眾的國家認同是朝向與大陸日益分歧的狀況，反映出對兩岸經濟整合抱持疑慮的態度，可以理解。台經院院長洪德生則表示，台灣加入WTO時承諾開放市場，多年來卻未對大陸開放；台灣若要加入區域經濟整合，不能只談對國內企業得失或兩岸關係，而是得更實際落實對世界的承諾，否則怎麼面對未來更多的經貿談判？[79]換言之，若是此種認同不改變，恐怕不僅會對兩岸經

---

[77] 邱瓊玉、林則宏，雙城論壇柯文哲提兩岸命運共同體，**聯合報**，2017年7月3日，https://udn.com/news/story/11265/2560124。

[78] 政治大學選舉研究中心，台灣民眾台灣人／中國人認同趨勢分佈，2013年6月 http://esc.nccu.edu.tw/course/news.php?Sn=166#。

[79] 林毅璋，四大智庫院長：快通過服貿 愈久愈不利，**聯合報**，2014年3月15日，http://www.cier.edu.tw/ct.asp?xItem=21688&ctNode=287&mp=1。

濟整合，甚至台灣參與區域經濟整合，都會造成影響。

　　姑且不論加入以CPTPP可能有來自大陸的壓力，加入CPTPP本身就有難度。前經濟部長鄧振中日前訪問美國華府後表示，美國國會、智庫、企業界都歡迎台灣加入TPP，但美方也表示：「光有口號不夠，要有行動」，而行動除了法規體制要符合國際標準，還包括市場進一步開放。[80]雖然美國已退出TPP，但是若台灣要加入新的CPTPP，難度仍高。經濟部次長王美花指出，除了對外表達加入立場外，國內的法規調適也同步進行。美國退出後，CPTPP仍然是高標準協定，對內法規調適需要持續進行，要加入需要全體11會員國同意，相較於法制面、經濟面來看，政治面難度較高。[81]以台灣目前的社會氣氛，要像日本一樣開放農產品進口來換取加入CPTPP，恐非易事。凡此都說明由於台灣民眾不認同參與區域經濟整合利大於弊，因此不論是要加入CPTPP、RCEP的難度都非常高。

第七節　小結

　　2019年在亞洲地區的經濟整合有許多新的發展趨勢，橫跨太平洋兩岸12國的跨太平洋經濟夥伴關係（TPP），亦已於2015年底前完成談判，在美國退出後，改名後的CPTPP亦

---

[80]　于國欽，美國歡迎我加入TPP，**中時電子報**，2015年2月17日，http://www.chinatimes.com/newspapers/20150217000061-260202。

[81]　陳鷖人、彭媁琳，經濟部常務次長王美花：我加入CPTPP政治面難度高。

在同年開始施行。東協自貿區升級版及區域全面經濟夥伴關係（RCEP），雖在完成談判延宕多年後，但也致力在2019年底完成談判。由於台灣均非上述經濟整合組織的會員國，再加上對外雙邊自由貿易談判遲遲沒有新的進展，可以想見周邊環境對台灣未來的對外貿易發展愈來愈不友善，在亞太地區的經濟整合機制，勢必會對台灣未來的對外貿易產生重大衝擊。

　　儘管歷來研究區域整合組織都是從權力、制度及認同的角度分析；然而近來研究經濟整合的學者發現，相同的理念（like-minded）或者認同（identity）在經濟整合過程中的重要性愈來愈高。本文也發現結合認同及其背後預設的康德式／朋友的無政府狀態，來解釋亞太經濟整合過程更有說服力。各國在區域經濟整合過程中，讓彼此同屬一個團體，建構共同體之概念的必要性就日益突顯。

　　以東協共同體的創建為例，東協國家在建構共同體的過程中，採取「在多樣性中維持整體性」看似有許多困難，然而當世界上大部分國家都以敵人或競爭者的角度來看待寮國、緬甸與柬埔寨時，東協成員國卻以朋友的角度接納他們成為東協會員國。換言之，若非因為東協會員國基於認同途徑與朋友式的無政府狀態，東協共同體能以「同一個願景、同一個認同、同一個關愛和分享的共同體」為《憲章》的主題，是難以想像的事。連過去不重視或甚至避談的人權議題，都能因此捐棄成見成立委員會，有利達成和平、穩定及繁榮環境之目標的經濟整合當然更容易達成。

類似的情況也發生在TPP的整合過程中，首先美國前國務卿希拉蕊表示，必須要聲明「美國的未來與亞太區域的未來連在一起，區域的未來也必須依賴美國」，藉此說明美國與其貿易夥伴未來發展的命運是連結在一起的。其次澳洲加入TPP的經濟獲益甚少，在美國川普總統決定退出TPP後，竟然提議要邀請中國大陸加入以取代美國的角色，澳洲的舉動很難以權力或制度的角度來解釋。

　　同樣地在紐西蘭TPP的抗議聲中，百姓將之與更改國旗同樣都視為認同議題。若這只是單純的經濟制度協議或者是從權力的角度去理解，恐難克竟其功，只有從認同與朋友式無政府狀態的途徑去分析，才能合理解釋整合進展。此外，TPP成員國邀越南加入，就是不希望給外界有「富國俱樂部」的形象，亦難從非認同與朋友式無政府狀態以外的途徑去理解。更何況美國與越南在越戰期間曾是敵人，若非已從敵人或競爭者轉為朋友，如何能共同成為TPP成員國？

　　RCEP目前看來還有諸如：協商所需要的雙邊友好關係備受各式東亞領土爭議的考驗、會員體中有大的開發中國家及窮國致使協議無法達成高標準、全面自由化目標等問題待解；不少東協國家在經濟整合上願意與大陸接近，但是卻認同美國所主導的世界秩序，更難從權力或制度的角度來理解。尤其是中國大陸與日本的關係，若不能在許多議題上化敵為友，RCEP若要順利完成談判，仍然會有其難度。因此，勢必要在過去協議所依據的「亞洲途徑」（Asian way）中，找到新的解決問題辦法。由此可知，認同及康德

式／朋友式無政府狀態途徑，亦可對RCEP協商談判完成提出有力的說明。

　　面對亞太經濟整合日益緊密的情況，台灣能否加入成為會員國，同樣亦可以認同或朋友式無政府狀態來解釋。就目前而言，台灣既不認同區域經濟整合體制，也不認同兩岸經濟整合會促進經濟發展及所得分配公平，以致於未能加入這股區域加速經濟整合的潮流。因此，未來台灣若要加入區域經濟整合進程，恐怕得先解決認同的問題，也就是設法將敵人與競爭者的無政府狀態，轉化為康德式／朋友的無政府狀態。

亞洲區域整合之認同的趨勢與挑戰：以東亞為例[1]

第一節 前言

後冷戰地緣政治環境變化，促進了區域合作的發展趨勢。[2]區域主義或整合固然有不少探討的途徑，不過如韓國學者Lyou, Byung-Woon所言，主要有二種，分別為新功能主義（neo-functionalism），以及建構主義（constructivism）。[3]前者主要是透過區域的制度建構，來回應各國對於經濟與功能性的需求，後者雖然著重探討權力與能力的公平分配，但是亦將焦點置於區域整合中的社區認同（communal identity）。[4]儘管Lyou, Byung-Woon是用新功能主義的研究途徑來探討區域整合，但是他也指出，東北亞國家已經將愈

---

[1] 本章曾刊載於人文社會科學研究Vol.7, No.4, 2013, 1-20。

[2] Tan Ern Ser, Gloria Arlini, and Fairoz Ahmad, "Imaginings, Identity, Integration: Asia in the Minds of Singapore Students", GIARI Working Paper Vol.2008-E-25, Waseda University, Japan, February 9 2009, 1-35.

[3] Lyou, Byung-Woon, "Building the Northeast Asian Community", *Indiana Journal of Global Legal Studies,* Summer 2004, Vol.11, Issue 2, 257-310.

[4] 同前註。

來愈多的注意力，放在制度性地表達本身的認同部分。[5]

　　不僅Lyou, Byung-Woon表示認同在區域整合中的重要性愈來愈高，Anssi Paasi也認為在過去十幾二十年內，認同與區域、區域主義、邊界一樣，在許多領域都成為關鍵字。[6]此外，Anssi Paasi也指出，認同在管理與計畫方面也愈來愈重要，因許多學者現都將區域當作是種社會建構（social construct）與權力關係的表述，儘管有時候這樣的論點在實際的運作上不是非常明確。[7]Anssi Paasi另外亦曾表示新區域主義是由三個彼此相關的概念所構成，一是在全球化的環境下，組成共同的經濟戰略；二是新型態的文化認同感；三是社會互動中共存感的協處。[8]很明顯不論是文化認同感，或者共存感，實際上都與區域認同有關。由此可見，區域認同在區域整合中的確有其重要性，其重要性更在Lyou, Byung-Woon的研究中表露無疑。

　　Lyou, Byung-Woon將區域整合分為五個層次，第一層次是地理的單位，例如東北亞；第二層次是社會團體或非政府行為者跨地方、跨邊界的社會文化與經濟關係；第三層次是政府之間，有組織性的文化、經濟、軍事領域的合作；第四層次，則是具備區域性的共同公民社會，亦即建構可以促進共同社會、政治及經濟政策的組織架構；第五層次則是在回

---

[5]　同前註。

[6]　Anssi Paasi, "The Region, Identity, and Power", *Procedia Social and Behavioral Science*, No.14, 2011, 9-16.

[7]　同前註。

[8]　同前註。

應全球議題上，具有區別性的認同與政府結構。[9]換言之，不想提升整合層次則已，若要提升層次，就必須在區域認同上下功夫。

不僅如此，Lyou, Byung-Woon進一步解釋區域認同是一種心理因素，也是一種對相關的地理及歷史事件共同的感受，此亦是形成區域整合的基礎。[10]既然建立區域認同如此重要，接著面臨的問題是，亞洲區域認同究竟有何特性，與其他區域有什麼不同？這樣的不同，究竟是如何造成的？未來將如何發展？在建構的過程中，會否面臨一些挑戰？

為了回答上述問題，本文首先要探討的是為什麼需要亞洲區域認同，其必要性如何。其次，要介紹如何建構亞洲區域認同，其過程如何，有哪些因素在建構的過程中是不可或缺的。第三，則是要分析在亞洲國家中，尤其是東亞各國，有哪些國家正在努力建構亞洲區域認同，有何特點，可行性如何。第四，則將焦點置於討論在亞洲區域認同建構的過程中，可能面臨的挑戰，諸如到底由誰主導的問題、在亞洲具有重大利益卻被排除在外之美國可能的阻撓、各國國內團體可能的壓力等等。最後則是本文的結論，將綜合歸納亞洲區域認同的建構，還有哪些面向也必須一併顧及。

---

[9]　Lyou, Byung-Woon, "Building the Northeast Asian Community", 272-273.

[10]　Lyou, Byung-Woon, "Building the Northeast Asian Community", 294.

第二節　為什麼要有亞洲區域認同？

　　如前所述，亞洲區域認同的建構，是希望能夠與其他區域作出區隔，不過為何非要做出區隔不可，究竟何種因素可以幫助亞洲國家建立共同的認同，而此種認同是否能夠真正發揮區隔的作用？誠如David Martin Jones和Michael L.R.Smith所指出的，兩極世界的崩解促使東南亞國協的政治人物與學者開始倡議以「亞洲途徑」（Asian way），該途徑既揭露西方外交程序的限制，也挑戰了西方價值。[11]若是亞洲國家可以用「亞洲途徑」來解決亞洲區域本身的問題，當然就無需藉由西方途徑。不過，要達成此項目的，首先要瞭解「亞洲途徑」的特點為何，才能幫助所有亞洲國家運用亞洲特有的途徑，而非以西方途徑來解決所面臨各種的整合問題。

　　馬來西亞戰略與國際研究中心主任Noordin Sopiee表示，西方處理安全問題的方法，是強調法律規範、協議、契約、制度與結構，但是演進中的「亞洲途徑」更多地依賴思想與心境契合，共識的建構，同儕壓力，以及單邊友善與適當的行為。[12] David Martin Jones和Michael L.R. Smith也認為因為亞洲沒有類似北大西洋公約組織、歐盟，所以採取的是

---

[11]　David Martin Jones and Michael L.R.Smith, "ASIAN's Imitation Community", *Orbis*, Winter 2002, 93-109.

[12]　轉引自David Martin Jones and Michael L.R.Smith, "ASIAN's Imitation Community", 97.

包含性而不是排除性的非正式網絡，並且表示亞洲價值及具信心與合作特性的包含性的網絡，將可促使一種新的「太平洋共同體」（Pacific Community）之產生，東南亞國協將前共產國家、現在的威權政府緬甸包含進來，就是最好的證明。[13]只是此種非強制性的組織特性，且依靠單邊友善與適當的行為，真的能夠對於區域整合有幫助嗎？此種鬆散的組織特性，對於區域認同的建構又有多少的助益，也存在不少疑問。

　　Jim Rolfe認為一種整合型的區域，是在地理相近國家間具有廣泛政治、經濟、社會關係的組合，並且透過正式與非正式的制度與網絡，利用所建立的運作模式以及團體議程來定義彼此的關係。[14]由此可見，不是只有正式的制度與網絡才有助於區域整合，非正式的制度與網絡依然有利於區域整合。換言之，儘管亞洲國家的區域組織特性較偏向非正式網絡，並無礙於區域整合的進程發展。Jim Rolfe並進一步表示，整合型區域具有一致性且可能有趨同性，這樣互動特性勢必會帶來區域認同與區域社區的效果。[15]上述學者的研究似乎都在說明，亞洲區域組織鬆散的特性，仍有助於區域認同的建立與強化。當然亞洲區域的特性不是只有非正式網絡而已。

---

[13]　David Martin Jones and Michael L.R.Smith, "ASIAN's Imitation Community", 97.

[14]　Jim Rolfe, "A Complex of Structures: Functional Diversity, Regional Consolidation, and Community Development in the Asia-Pacific", *Asian Affairs,* Vol.33, No.4, Winter 2007, 217-234.

[15]　同前註。

Edward Vickers就表示，在亞洲通常有一種傾向，就是認為亞洲價值或者儒家主義是決定東亞文化與西方文化區隔的獨特性，而這樣的文化特性是建構在同質性、以群體為主，並具有永恆性的實體之上。[16] Warren I. Cohen也認為亞洲人接受有層級，並視有明確次序關係是國內與國際關係穩定的關鍵，而這樣的態度的根源即來自於儒家文化。[17]顯然上述兩位作者認為亞洲特有的價值或者是受到傳統儒家文化的影響，可以讓亞洲的區域認同與其他地區的認同有明顯的區隔。至於這樣的區隔要透過何種方式來突顯與強化？則必須進一步來探究。

　　亞洲金融危機及其他區域整合的發展，也促使亞洲國家，至少是東亞國家認為應該建立屬於亞洲本身的認同。如同Takashi Terada所指出的，亞洲金融危機，導致東亞區域國家意識到彼此的互賴性，也強化他們是同屬區域一部分的意識，也鼓勵了他們要建構亞洲區域認同。[18]此外，Takashi Terada也表示，全美洲包含加勒比海國家的自由貿易區規劃，以及歐盟擴大至27國，也讓東亞國家意識到有必要建立更一致及更團結的關係，至少是要建構有限度的認同感。[19]

---

[16] Edward Vickers, "History, Politics and Identity in East Asia", *International Journal of Educational Research,* No.37, 2002, 537-544.

[17] 轉引自Chuka Enuka, "Regional Community Building in East Asia: Problems and Prospects", *Journal of Asia Pacific Studies,* Vol.2, No.1, 2010, 118-131.

[18] Takashi Terada, "Constructing an 'East Asian' Concept and Growing Regional Identity: From EAEC to ASEAN+3", The Pacific Review, Vol.16, No.2, 2003, 251-277.

[19] 同前註。

根據以上學者的討論可以得知，冷戰時期亞洲國家被劃分在兩個不同的陣營之內，無從突顯亞洲作為有別於歐洲、美洲，或甚至非洲之一洲的特性。如今冷戰結束了，一個歐洲、或一個美洲的區域整合趨勢日益明顯，亞洲國家有感於必須順應此種全球區域整合的趨勢，透過一個亞洲認同的建構，發展出一套有別於西方國家處理區域問題的方式，畢竟亞洲國家在制度與文化上都與西方國家不同，西方國家處理問題的方式，不見得適合運用在亞洲。因為意識到此種區域的自我及其他地區的他者的發展之不同，讓亞洲國家認為必須建立屬於區域的認同，以加速區域整合的趨勢。

第三節　如何建構亞洲區域認同？

　　既然區域認同已被視為有利於促進區域整合的進行，亞洲地區基於傳統的文化與組織特性，具備有別於其他地區之認同獨特性的條件，然而在全球化的當代，各式各樣的價值充斥，難免會產生認同的混淆。尤其要讓亞洲地區人民的認同從純粹地理的相近性，昇華到擁有新型態的文化認同感，以及共同公民社會的理念，並不容易。因此，要突顯出亞洲地區特有的認同觀，勢必還要有建構的過程，才能使此種獨特的認同能夠深植人心。

　　就如同Jim Rolfe所言，區域認同發展不是只存在於地區菁英的行動與聲明之中，致力於區域認同的建立至少要做到

像國家認同、部落認同和族群認同的地步。[20]為了要達到那樣的要求，Jim Rolfe認為必須發展區域文化，而且該文化是可以說服老百姓區域是他們生活的重心，它的重要性要等同於甚至於超過國家，領袖必須在發展共享價值與解決問題之共同諒解的基礎上，啟動強化區域意識與建構共有社區認同的行動。[21]換言之，「由上而下」的推動，要可以帶動「由下而上」的回應。[22]這說明，若是不能達到「由下而上」的效果，區域文化終究只會停留在菁英之間，想要藉此強化區域認同，恐將淪為紙上談兵。

　　除了建構共同的社區文化之外，Astrid Erll則是運用法國社會學者Halwaschs 集體記憶（collective memory）的理論，來說明區域認同的建構是需要建立集體記憶。[23]Astrid Erll認為區域記憶是在兩個層次上運作，分別為個人層次與社會及媒體的層次；後者是與特定地區有關的事件、人群、故事、傳說、以及形象，透過社會互動與媒體傳播來轉換與流傳；前者是個人對特定地區之特色的認知體系，可以影響人們經驗及記憶事件的方式。[24]若是一個地區的人民有足夠的共同記憶，自然而然就會與其他無共同記憶之其地區的人

---

[20] Jim Rolfe, "A Complex of Structures: Functional Diversity, Regional Consolidation, and Community Development in the Asia-Pacific", 231.

[21] 同前註。

[22] Jim Rolfe, "A Complex of Structures: Functional Diversity, Regional Consolidation, and Community Development in the Asia-Pacific", 233.

[23] Astrid Erll, "Regional Integration and (Trans)cultural Memory", *Asia Eur J,* No.8, 2010, 305-315.

[24] 同前註。

有所區隔，區域認同就有可能因此得到強化。

　　另外，Astrid Erll也提出了第三種層次的集體記憶，而該記憶是跨文化的記憶。跨文化的集體記憶有包含三方面，第一是透過旅遊、貿易、殖民印象，以及其他形式的文化交流；第二則是國家文化的重大的內在異質性，例如不同的階級、世代、族群、宗教社區、以及次文化等，該等內在異質性在許多方面會產生記憶的互動架構；第三則是超越國家文化的關聯性組成，例如具有世界普遍性的烏瑪（Umma）文化、天主教教義、歐洲的左派、足球、音樂文化、消費者文化、以及最後但並非最不重要的區域形態。[25]由此可知，若要強化區域認同，非得有跨文化的集體記憶不可，否則僅根據前二種集體記憶，恐不但對區域認同的建構沒有幫助，可能還有妨礙。因為若是一國內部的集體記憶非常強烈，但是卻未擴散到區域認同的領域，就會造成認同的排擠。

　　當然透過歷史教育的實施，也是建構認同的重要途徑。Edward Vickers就指出，受到歐洲現代性教育的影響，東亞國家也開始著重在國中小學的歷史課程中，教育學童本國在世界眾多國家中的位置，其目的在於讓學童產生對國家的榮譽感以及忠誠度。[26]在日本與中國大陸的歷史教育中，對於被認可的權威就有非常深的敬意，此種敬意與歐洲天主教教義尊重教會神父的教導如出一轍，此種敬意更因為敬重祖先

---

[25]　同前註。
[26]　Edward Vickers, "History, Politics and Identity in East Asia", 538

而得到強化;就如同天主教有聖經解釋的傳統權威,正統中國歷史詮釋的傳統是交由中央化的官僚體系掌管。[27]

或許是基於東亞國家具有尊重權威的此種歷史詮釋傳統,即使曾經在歷史詮釋上出現許多問題的中、日、韓三國,一旦決定開始合作詮釋共同的歷史,反而能夠擦出不少火花。就如同Torsten Weber所表示的,來自於中國大陸、南韓及日本的學者,大部分是歷史學家,組成雙邊或三邊的歷史研究團隊,與他們的亞洲相對應的研究人員展開歷史的對話;他們撰寫報告、文章以及三個國家的歷史教科書。[28]經過他們的努力,過去只見問題不見其他的歷史與記憶,反而較以往更受到公眾的重視,歷史新詮釋的呈現也對日常生活有更明顯的影響。[29]此外,Torsten Weber也提及「歷史政治」,即為「由上而下」且具有政治意圖地解釋歷史與記憶的類同性,以塑造集體認同,該認同是以共同的歷史意識為基礎。[30]由此可見,不論是公民社會的歷史重新詮釋,或者是官方刻意想要透過歷史教育來重新塑造區域的集體認同,都反映了一個事實,那就是歷史教育其實在區域認同的建構上,扮演了十分重要的角色。尤其是東亞國家或多或少都受到儒家歷史傳統的影響,所以透過歷史教育來建構亞洲區域認同,將更具可行性。

---

[27] 同前註。

[28] Torsten Weber, "Remembering or Overcoming the Past?: History Politics, Asian Identity and Visions of an East Asian Community", *Asian Regional Integration Review,* Vol.3 March 2011, 39-53.

[29] 同前註。

[30] 同前註。

另一方面，Anssi Paasi則認為，區域認同指的是一個地區的自然景觀、文化及住民的特色，而且此一特色是與其他地區有明顯的區隔。[31]基於這樣的定義，Anssi Paasi接著指出，區域認同的形成，必須要透過區域分工、區域市場、管理與政治區域化的建構，建構的結果通常被標示為區域意識（regional consciousness）。[32]Anssi Paasi更進一步針對區域意識闡釋，表示那是一種有層級的現象，是基於可以被分類的自然與文化要素，通常是具有原型的特色，是由區域的行動家、制度或組織所組成。[33]根據Anssi Paasi的說法，一種合理的推論是先有區域意識，再有區域認同。換言之，若是一個區域內的民眾若不具備同屬一區域的意識，區域認同不會產生。

此外，Takashi Terada也曾提到，有共同的他者（common Others）也會強化區域認同之意識的形成；他者的存在，有利於將我們與他們作出區隔，也就會堅固同為一個團體的認同感。[34]Takashi Terada並舉例表示，在冷戰期間，為了對抗前蘇聯集團，幫助了美國的盟國將自己認同為西方（West）。[35]當然亞洲國家區域意識的提升，又何嘗不是受

---

[31] Anssi Paasi所提及的區域意識，對於Lyou, Byung-Woon而言，就是至少要發展出共有的區域體認（shared awareness of region），請參閱Anssi Paasi, "The Region, Identity, and Power", 14; Lyou, Byung-Woon, "Building the Northeast Asian Community", 295.

[32] Anssi Paasi, "The Region, Identity, and Power", 14.

[33] 同前註。

[34] Takashi Terada, "Constructing an 'East Asian' Concept and Growing Regional Identity: From EAEC to ASEAN+3", 254.

[35] 同前註。

到其他地區整合速度加快的影響，以致於亞洲國家，至少是東亞國家認為建構區域意識與認同的重要性。

　　基於以上的論述可以發現，區域認同可以透過發展出有別於其他區域的區域文化特色，也可以透過集體記憶的建立以及國民教育中歷史教育課程的實施，以及藉由區域意識的建構。當然這四種建構區域認同的方式，並不全然是互斥的，反而有部分相容的現象。例如有了區域文化的發展，就能夠增強區域意識的形成，因為二者都有與其他地區作出區隔的特色。同樣地，歷史教育的實施，實際上也助於集體記憶的形成，因為歷史本身就是一種記憶。當然這其中並不是沒有困難，東南亞國家都有被殖民的集體記憶與歷史經驗，但是日本卻是殖民的集體記憶與歷史經驗。[36]因此若要依靠後兩種途徑來建構全亞洲區域認同，恐怕需要花費更多的工夫。透過發展區域文化與強化區域意識，應是建構區域認同的兩個較為可行的途徑。

　　至於發展文化的部分，如前所述，有學者提出區域內有許多國家受到傳統儒家文化的影響重視次序與群體的概念，或許可以成為建構亞洲認同的內容。不過就亞洲國家而言，除了東北亞的台灣、中國大陸、日本、韓國及東南亞的新加坡、越南，受到較多儒家文化影響之外，其他國家例如印尼、馬來西亞、泰國、菲律賓、汶萊等國，很難與儒家文化

---

[36] Lyou, Byung-Woony就表示儘管東北亞民眾逐漸發展出區域體認，但是仍存在不信任的歷史遺產，日本也經常在歷史教科書及其他問題上讓中國大陸及韓國民眾生氣。請參閱Lyou, Byung-Woon, "Building the Northeast Asian Community", 295-296.

產生連結。尤其是印尼與馬來西亞因為信奉回教的關係，其文化恐怕更貼近中東國家的回教文化。此外，各國也會擔心以儒家文化為文化主軸，會否最後演變為「中國化」，而不是「亞洲化」。因此，若要透過發展文化來強化亞洲認同，恐怕必須發展出一套新的亞洲文化。當然在強化區域意識則較無此方面的問題，各國也似乎比較傾向朝此方面發展。

第四節　東亞各國建構區域認同的作法

　　學者在討論建立亞洲認同之時，基本上是將亞洲視為一整體，就如同將歐洲及美洲視為一整體是同樣的道理。不過，亞洲區域按地理可概區分為東亞、中亞、西亞及南亞，每個次區域內都有不同的文化，過去也缺乏機制來強化區域意識的建立，因此在短時間內要透過發展共同文化及強化區域意識來達成建構亞洲認同的目標，有其實質上的困難。在過去的一段時間內，也只有東亞地區在發展共同文化與強化區域意識方面，比較有進展。所幸東亞本身也存在不少文化差異，或許在建構東亞共同體的過程中，可以提供各個次區域未來要建構整體亞洲認同的借鑑作用。

　　例如以佛教文化為主的泰國，在發展共同區域文化過程中如何與東北亞的儒家文化，以及馬來西亞與印尼的回教文化相融合，就可以提供同樣以佛教為主的印度及尼泊爾發展共同區域文化的參考。同樣地，以回教文化為主的馬來西亞、印尼等，在發展共同區域文化過程中的經歷，也

可以成為以回教文化為主的巴基斯坦、西亞國家在發展共同區域文化的參考。由於東亞國家在建構共同認同方面比較有進展，因此本文將以討論東亞國家強化區域認同的作法為主。

既然認同的建立，可以透過發展區域文化及強化區域意識來達成。在強化區域意識的過程中，馬來西亞前總理Mahathir無疑是具有相當重要的地位。Mahathir在1990年代就提出要建構東亞經濟核心小組（East Asia Economic Caucus, EAEC）的想法，他認為東亞國家應該彼此有更多的諮商與合作，以利協助區域內的經濟體克服他們的困難，因為大部分的東南亞國協的會員體，不足以為世界貿易市場帶來不同。[37]

Mahathir希望建構東亞經濟核心小組，看似希望透過制度的建構來加速區域整合，可是實質上是希望建構有別於以西方為主導之世界貿易的東亞市場。東亞國家之間的貿易發展能夠帶來不同。一方面建構具特色的區域市場，如前述Anssi Paasi所言，本來就是強化區域意識的重要面向；另方面是希望能夠建構具有東亞特色市場的本身，就有與其他區域作出區隔的強烈區域意識，因此以區域認同的角度來解讀Mahathir的構想，無疑是合宜的。其實早在1980年代，Mahathir就曾提議要建立EAEC，只是當時的C是「共同體」（Community）而不是小組（Caucus），且志在排除美國、

---

[37] 轉引自Chuka Enuka, "Regional Community Building in East Asia: Problems and Prospects", 122-123.

加拿大與澳洲等。[38]此種提議的區域意識，能說不明顯嗎？

　　儘管日本擔心喚起東亞國家關於二戰時期大東亞共榮圈
的惡劣印象，且本身自認有以美國為主之外交政策的國際認
同，在參與認同建構有心無力，使得「東亞經濟核心小組」
在推動上，缺少關鍵的驅動力量，再加上東南亞國協各國並
未在其中有共同的利益，例如泰國更有興趣的是建立東南亞
國協自由貿易區，[39]致使運用「東亞經濟核心小組」機制來
推動建立東亞區域認同上的成效有限。不過這樣的概念並未
被摧毀，反而在東協+3（中、日、韓）組成後逐步地在落
實。[40]

　　日本民主黨在2009年取得執政權後，建構東亞共同體
（East Asia Community）就是首相鳩山由紀夫（Hatoyama
Yukio）政治議程上的中心項目。[41]鳩山由紀夫曾對外表
示，毫無疑問日美關係是日本外交政策的支柱，但是日本也
不能忘記身為亞洲國家的認同，相信對於日本經濟成長與雙
邊關係愈來愈關鍵的東亞地區，必須被日本視為是基本的
生存圈。[42]至於針對過去建構亞洲認同負面多過正面的歷史

---

[38]　Hae-du Hwang, "APEC and Emerging Regionalism in North East Asia", *Asia Europe Journal*, No.4, 2006, 499-510.

[39]　Takashi Terada, "Constructing an 'East Asian' Concept and Growing Regional Identity: From EAEC to ASEAN+3", 258-261.

[40]　Takashi Terada, "Constructing an 'East Asian' Concept and Growing Regional Identity: From EAEC to ASEAN+3", 264.

[41]　Torsten Weber, "Remembering or Overcoming the Past?: 'History Politics,' Asian Identity and Visions of an East Asian Community", *Asian Regional Integration Review*, Vol.3, March 2011, 39-55.

[42]　Torsten Weber, "Remembering or Overcoming the Past?: 'History Politics,' Asian Identity and Visions of an East Asian Community", 43.

問題，鳩山由紀夫指出，他堅定相信不該重複過去不幸的歷史，現在是克服過去爭端的海洋，而航向共創繁榮的歷史。[43]凡此都說明日本已經意識到建構亞洲認同對該國日後發展的重要性，這恐怕不是10幾年前當「東亞經濟核心小組」被提出來時所能想像的情況。

除了日本官方對於建立東亞共同體表示感興趣之外，在2009年成立、日本各黨派均有代表擔任顧問的民間團體「一個亞洲基金會」（One Asia Foundation），也對建立亞洲共同體投注不少力量。「一個亞洲基金會」的目標為對建立「亞洲共同體」（Asian Community）作出貢獻；基本作法有六：以財務支持共同承擔建構亞洲共同體作出貢獻為目標的組織或團體、支助亞洲國家大學建立與建構亞洲共同體有關的科系、課程或科目、支助機構或學者研究有利於建構亞洲共同體之稅務、財務及金融體系、成立獎學金支助在日本註冊且修讀上述有關科系、課程之學生、支持可以提昇建構亞洲共同體之學術、文化與體育交流、執行任何可以達成基金會目標的計畫。凡此都可看出日本在促進建構亞洲認同的用心。[44]

不止是日本對於建立亞洲認同抱持正面的態度，現已取代日本成為世界第二大經濟體的中國大陸，也同樣對此不排斥。Tsutomu Kikuchi就表示，美國出兵伊拉克及反恐戰爭，

---

[43]　Torsten Weber, "Remembering or Overcoming the Past?: 'History Politics,' Asian Identity and Visions of an East Asian Community", 45.

[44]　http://www.oneasia.or.jp/en/foundation/index.html

讓中國大陸有機會擴展其在東南亞的影響力，大陸近期積極
參與區域外交，也使其發現可將東亞視為其獲取認同感的區
域。[45]此種支持亞洲認同的認知，反應在相關官員在對外事
務的表態上。

　　現任中國大陸外交部長的王毅在擔任外交部副部長及
駐日大使期間，就在許多場合對於亞洲整合與亞洲認同表
達肯定的立場，儘管王毅不是直接表達要建立「東亞共同
體」，但是卻認為發展出集體的亞洲意識（collective Asian
consciousness）來進一步增進合作與互動是必要的計畫，並
表示要記取過去的錯誤教訓。[46]中國外交學院院長、政協外
事委員會副會長吳嘉民，更駁斥亞洲各國文化差異大太以致
缺乏建立東亞認同之共同基礎的說法；他認為亞洲國家對於
共同價值與認同的差距不會比歐洲各國來得大，而且亞洲國
家具有「舒適度」的特點，亦即直到每位成員都達到舒適的
感覺，否則決策就會延後，如此就有利於認同的建構。[47]

　　由此可知，中國大陸官員也同樣認為建立新的亞洲認
同，不論是對於亞洲及中國大陸的發展都有其必要性，並且
願意記取過去錯誤的教訓，再加上願意發掘亞洲國家的共通
性，而不是去擴大它的差異性，凡此都有助於認同的建立。
過去「東亞共同體」的理念，因為日本不願成為領頭羊的

---

[43]　Tsutomu Kikuchi, "East Asia's Quest for a Regional Community", *Policy and Society*, Vol.25, Issue 4, 2006, 23-35.

[46]　Torsten Weber, "Remembering or Overcoming the Past?: 'History Politics,' Asian Identity and Visions of an East Asian Community", 46.

[47]　Torsten Weber, "Remembering or Overcoming the Past?: 'History Politics,' Asian Identity and Visions of an East Asian Community", 47.

第三章　亞洲區域整合之認同的趨勢與挑戰：以東亞為例

0
6
7

緣故，而使該理念被落實的進展有限，如今亞洲兩個主要強國，且分別為世界第二、第三大經濟體的中國大陸與日本，都認為建構亞洲認同有必要性，相信在建立亞洲認同的道路上，具備比過去更有利的條件。

　　同樣深受亞洲過去發展歷史創傷的南韓，不僅沒有在建構亞洲認同的議題上缺席，反而以更積極的行動來回應此一議題，最明顯的標誌莫過於2005年成立的韓國「東亞基金會」（The Korean East Asia Foundation，KEAF）。「東亞基金會」將自己定位為一個真正的超區域組織（truly trans-regional organization），目標就是在透過強化區域內人民間的相互理解與信任，以便為建構「東亞共同體」做出貢獻，同時要為在東亞區域建立共同的認同作出貢獻。[48]

　　「東亞基金會」達成上述目標最重要的工具，就是在2006年第一季開始，發行英語刊物《全球的亞洲》（Global Asia）。毫無意外地，第一期的封面主題就是「東亞區域主義的未來」（the future of East Asian regionalism）。[49]值得注意的是，南韓前總統金大中在《全球的亞洲》第一期為文批評，韓國、中國大陸及日本在歷史議題上緊張關係，實際上是受到國內政治的影響，以致於侵蝕了區域的合作氣氛。[50]金大中能夠在不計歷史前嫌的情況底下，表達願意為建立亞洲認同與區域合作貢獻心力，實在不是件容易的事。

---

[48]　Torsten Weber, "Remembering or Overcoming the Past?: 'History Politics,' Asian Identity and Visions of an East Asian Community", 49.

[49]　同前註。

[50]　同前註。

1999年舉行的第一屆中、日、韓高峰會，更被視為是開啟彼此可能合作具有指標意義的轉捩點。[51]當然金大中也點出了問題，就是國內政治因素與民意，其實也會對亞洲認同的建構形成挑戰，過去如此，恐怕未來亦復如此。這也就是為何建構亞洲認同不是只有「由上而下」的倡導，也要有「由下而上」之回應才有可行性的根本原因。

　　東北亞的中、日、韓對於建構亞洲認同抱持積極正面的態度，東南亞國家亦不遑多讓，除了馬來西來前總理提出的「東亞經濟核心小組」的提議外，在1995年提議邀請東北亞國家，參與東南亞國協高峰會的前新加坡總理吳作棟，也必須記上一功；[52]菲律賓前總統羅慕斯更曾表示東亞最終會成為類似歐盟，有共同的貨幣、市場以及可以促進貿易與安全政策的制度。[53]1997開始的東協加三高峰會，也讓「東亞共同體」的新概念得以落實在各項領域的合作上。[54]此外，東南亞國協領袖在2007年所舉行的高峰會中，也確認其加速在2015年前建立「東協共同體」（ASEAN Community）的堅定承諾，並且也簽署了加速在2015年前建立ASEAN Community的宿霧宣言（Cebu Declaration）；[55]共同體的認

---

[51]　Hae-du Hwang, "APEC and Emerging Regionalism in North East Asia", 507.

[52]　Takashi Terada, "Constructing an 'East Asian' Concept and Growing Regional Identity: From EAEC to ASEAN+3", 262.

[53]　Joshua Kurlantzick, "Pax Asia-Pacifica? East Asian Integration and Its Implications for the United States", The Washington Quarterly, Vol.30, No.3, Summer 2007, 67-77.

[54]　Paul Vandoren, "Regional Economic Integration in South East Asia", Asia Europe Journal, No.3, 2005, 517-535.

[55]　建立ASEAN Community的時間表請參閱http://www.asean.org/asean/about-asean

同內容大體包含團結與合作、逐漸整合的市場，以及更開放的社會。[56]

　　儘管這樣認同內容還不算是非常完整，隨著時間的演進，仍會有些調整與改變，不過既然已經同意有個時間點要完成建構共同認同，屆時就會出現讓東南亞各國都可接受的內容，也會對增進東亞整體的認同有所助益。就如同Athanasios Lakrintis所言，區域認同建構已經成為東南亞國協生存的主要議題之一，引發東西方辯論之「亞洲價值」概念的出現，也是區域認同形成可以進一步推展的證明。[57]

　　另外東南亞國家也透過東南亞國協「文化週」的舉措，來達成促進人民對東南亞國協有更多的省察、理解與肯定，以及發展出區域認同與共同友誼的感受。[58]在2004年8月於越南首都河內及下龍市舉辦的第二屆東協文化週，各種民俗文化在其間被充分地展現；在河內最著名的劇院所舉行的開幕式，10個國家都表演了節目，在下龍市舉辦的閉幕式，每一個國家也都各自表演了數字舞。[59]儘管因為許多展示缺乏背景說明，而被質疑過於膚淺，[60]不過假以時日，文化週的

---

[56] Kristina Jonsson, "Unity in Diversity? Regional Identity Building in Southeast Asia", Working Paper No.29, 2008, 1-30, Centre for East and South-East Asian Studies, Lund University, Sweden.

[57] Athanasios Lakrintis, "Regional Identity Formation in Southeast Asia and the Role of the European Union", Working Paper No.1, 2011, 1-14, Centre for European Governance, Institute of International Relations, Panteion University of Athens.

[58] Claire Sutherland, "Another Nation-Building Bloc? Integrating Nationalist Ideology into the EU and ASEAN, *Asia Europe Journal,* No.3, 2005, 141-157.

[59] Claire Sutherland, "Another Nation-Building Bloc? Integrating Nationalist Ideology into the EU and ASEAN, 153.

[60] 同前註。

活動肯定會對加深東協國家人民間的凝聚力有幫助，也會強化人民對於區域認同的理解與支持。

　　Joshua Kurlantzick也從三個面向說明亞洲經濟的整合，已經促進了東亞共同文化認同的建立。[61]首先，他認為亞洲大城市已發展出共同的消費者文化，所以很容易製造訴諸各國人民的產品，以電影為例，南韓與泰國的導演就合作一部泛亞洲製作的影片──《在宇宙中的最後生命》（Last Life in the Universe）。其次，他表示亞洲國家的人民開始擁抱共同的政治規範，此種共同的政策特徵有助於形成支撐建立更強而力的區域組織的基本價值。第三，他指出亞洲國家的中產階級的成長，且具備1980、1990年代經歷政治自由化的共同經驗，以及亞洲媒體的發展，都足以刺激亞洲國家不論在政治議題和公民社會議題上有更多合作。

　　由上述論說可知，儘管亞洲各國存在不少歷史的傷痛，彼此的文化差異也不能完全被忽視，但是隨著亞洲本身以及外在世界的發展，讓亞洲國家願意在亞洲認同的建構上付出心力，經由各國政府與民間的努力，亞洲認同的建構肯定會有新的發展。就如同Tan Ern Ser、Gloria Arlini和Fairoz Ahmad所指出的，東亞共同體潛在會員體之文化的複雜性與多元性，意味著可能的共享價值、規範及態度，較傾向是想像的與渴求的，而不完全是客觀與真實的。[62]換言之，認同

---

[61]　Joshua Kurlantzick, "Pax Asia-Pacifica? East Asian Integration and Its Implications for the United States", 72.

[62]　Tan Ern Ser, Gloria Arlini, and Fairoz Ahmad, "Imaginings, Identity, Integration: Asia in the Minds of Singapore Students", GIARI Working Paper Vol.2008-E-25,

本身就有想像與建構的成份，是可以透過努力來達成的。既然東亞各國有意願如此行，達成建構新亞洲認同的目標自然較易達成。

　　一項針對新加坡本地及亞洲國家在新加坡的留學生共2453位，所做的關於亞洲認同成長對穩定之重要性與否的調查顯示（如表），超過9成的亞洲學生認為亞洲認同成長對穩定非常重要或有點重要，只有不到1成的學生認為不怎麼重要，或甚至認為完全不重要。[63]這項調查研究雖然可能受到身在新加坡，以致於受到新加坡支持建構亞洲認同氣氛的影響，但是如此高的調查數字，即使經過打折，仍然非常可觀。如此也意味著建構亞洲認同已經不是只有「由上而下」倡導，更有「由下而上」的反應，也就更有利於亞洲認同的建構。

表3-1：亞洲認同成長對穩定的重要性

國家	非常重要	有點重要	不怎麼重要	完全不重要	總計
南韓	240 58.5%	148 36.1%	18 4.4%	4 1.0%	410 100.0%
中國大陸	171 43.3%	179 45.3%	42 10.6%	3 0.8%	395 100.0%
越南	185 46.2%	183 45.8	28 7.0%	4 1.0%	400 100.0%
泰國	192 48.0%	178 44.5%	27 6.8%	3 0.8%	400 100.0%

Waseda University, Japan, February 9 2009, 3.

63　Tan Ern Ser, Gloria Arlini, and Fairoz Ahmad, "Imaginings, Identity, Integration: Asia in the Minds of Singapore Students", GIARI Working Paper Vol.2008-E-25, Waseda University, Japan, February 9 2009, 18-19.

國家	非常重要	有點重要	不怎麼重要	完全不重要	總計
菲律賓	282 70.5%	94 23.5%	22 5.5%	2 0.5%	400 100.0%
新加坡	190 42.4%	198 44.2%	54 12.15	6 1.3%	448 100.0%
總計	1260 51.4%	980 40.4	191 7.8%	22 0.9%	2453 100.0%

資料來源：Tan Ern Ser, Gloria Arlini, and Fairoz Ahmad, "Imaginings, Identity, Integration: Asia in the Minds of Singapore Students", GIARI Working Paper Vol.2008-E-25, Waseda University, Japan, February 9 2009, 19.

第五節　建構東亞區域認同的挑戰

　　儘管東亞許多國家同意建構東亞認同，有助於區域的繁榮與穩定。過去十幾二十年來，東亞國家也致力於東亞區域認同的建構，但是這不意味著東亞區域認同的建構不存在挑戰。如前所述，認同的本身就有區分「自我」與「他者」的意味，即使東亞國家願意在建構區域認同上採取開放的態度，但是被視為「他者」的第三方，很難因為被排除在外而沒有任何反應，尤其是在彼此利益有所衝突的時候。這也是東亞國家，以及亞洲國家在面對區域認同建構時，必須面對與處理的問題。基此，東亞區域認同的建構可能面臨的挑戰有以下幾方面。

　　首先，缺乏制度化與法律強制協議的「東協途徑」，能否建構區域認同存在不少疑問。[64] 尤其是東協國家在建構認

---

[64] Kristina Jonsson, "Unity in Diversity? Regional Identity Building in Southeast Asia", p.10; David Martin Jones and Michael L. R. Smith, "ASIAN's Imitation Community", 108.

同時，採取「在多樣性中維持整體性」（unity-in-diversity）之困難度是明顯的；因為考慮到許多的族群衝突，以及政府擔心對人民失去控制權，都使此種方法被接受與應用還有長路要走。[65]另外，東協國家不同的價值與政治體系也會阻礙共同認同的建立，緬甸政府對待異議份子翁山蘇姬的作法，就曾被威脅要被逐出東協。[66]凡此都說缺乏制度與法律約束，東亞國家仍否走出一條不同於西方的路，恐怕仍有許多疑問待解。

　　其次，區域內仍有許多邊界與領土主權爭端的問題待解決。例如越南、中國大陸、台灣、馬來西亞、菲律賓及汶萊關於南海諸島的主權爭議；泰國與緬甸之間關於邊界與難民問題的爭端；[67]朝鮮半島與台灣海峽的領土主權爭端；[68]中國大陸、南韓及日本之間持續緊張的政治關係等。[69]上述爭端的任何一項要解決的難度都非常高，自然就對東亞區域認同的建立會有所影響。

---

[65] Kristina Jonsson, "Unity in Diversity? Regional Identity Building in Southeast Asia", 16; Torsten Weber, "Remembering or Overcoming the Past?: 'History Politics,' Asian Identity and Visions of an East Asian Community", 50.

[66] Kristina Jonsson, "Unity in Diversity? Regional Identity Building in Southeast Asia", 11. Joshua Kurlantzick, "Pax Asia-Pacifica? East Asian Integration and Its Implications for the United States", 73; Chuka Enuka, "Regional Community Building in East Asia: Problems and Prospects", 126.

[67] Kristina Jonsson, "Unity in Diversity? Regional Identity Building in Southeast Asia", 9-10.

[68] Joshua Kurlantzick, "Pax Asia-Pacifica? East Asian Integration and Its Implications for the United States", 73; Jorg Friedrichs, "East Asian Regional Security", Asian Survey, Vol.52, No.4, 2012, 754-766.

[69] Paul Vandoren, "Regional Economic Integration in South East Asia", 525.

再次，各國對於中國大陸的角色仍有疑慮。就如同Joshua Kurlantzick所指出的，雖然中國大陸現在擁抱區域多邊主義，但是其他東亞國家仍會擔心大陸驚人的經濟成長會對其產生負作用，也就是擔心大陸會將外資從東亞各國全部轉移至大陸，經由購買窮國的石油與木材等天然資源，再回銷高價值產品至該等國家，以致形成不平衡的貿易關係。[70]日本與中國大陸在東南亞地區政治與經濟影響力的競爭關係，以及彼此之間缺乏互信，也讓落實建構「東亞共同體」的悲觀主義盛行，Chuka Enuka甚至引用日本學者的說法表示，日本、中國大陸及東協國家結合成「東亞共同體」，就如同將蘋果與橘子混在一起。[71]由此可知，儘管各國對建立「東亞共同體」有願景，但是彼此若不能將中國大陸的角色定位清楚，要進一步落實恐仍有許多困難待克服。

　　最後，美國的反對態度亦不能忽視。Chuka Enuka就指出，美國出口到亞洲的商品，大約佔其總出口的25%，若是「東亞共同體」進一步發展，美國認為中國大陸就會利用區域舞台來增強其地緣戰略的實力，勢必會對美國在亞洲的利益造成影響，美國就會破壞此種願景的實現。[72]其實早在馬來西前總理提出「東亞經濟核心小組」時，美國就擔心該機制會分裂亞太區域，也會傷害美國在亞洲的利益；時任美國

---

[70] Joshua Kurlantzick, "Pax Asia-Pacifica? East Asian Integration and Its Implications for the United States", 73.

[71] Chuka Enuka, "Regional Community Building in East Asia: Problems and Prospects", 124.

[72] Chuka Enuka, "Regional Community Building in East Asia: Problems and Prospects", 127.

國務卿貝克（James Baker）就曾表示，私底下會盡所能去毀掉「東亞經濟核心小組」。[73]更何況東協各國還需要美國在區域穩定上的協助，[74]因此要不在乎美國的態度其實並不容易。除非東亞各國能夠找出既能建構東亞認同，又不會將美國排除在外的路，否則在美國有能力干預的情況上，將會想盡各種辦法來阻止「東亞共同體」與認同的建立。

第六節　小結

後冷戰地緣政治環境變化，促進了區域合作的發展，亞洲區域主義與整合也有了新的進展。由於認同在區域整合中的重要性愈來愈高，以致於亞洲各國，尤其是東亞各國紛紛採取措施來強化區域認同的建立，希望能夠透過區域認同的建構，加速區域整合的速度，藉以降低未來再發生類似亞洲金融危機的衝擊。

亞洲認同的建立有以下的有利條件：第一，西方處理安全問題的方法，是強調法律規範、協議、契約、制度與結構，但是演進中的「亞洲途徑」更多地依賴思想與心境契合，共識的建構，同儕壓力，以及單邊友善與適當的行為，所以採取的是包含性而不是排除性的非正式網絡，將可促使一種新的「太平洋社區」之產生。第二，在亞洲通常有一種

---

[73] Takashi Terada, "Constructing an 'East Asian' Concept and Growing Regional Identity: From EAEC to ASEAN+3", 259.

[74] David Martin Jones and Michael L.R.Smith, "ASIAN's Imitation Community", 109.

傾向，就是認為亞洲價值或者是儒家主義是決定東亞文化與西方文化區隔的獨特性，而這樣的文化特性是建構在同質性、以群體為主，並具有永恆性的實體之上，這樣的態度可以讓亞洲的區域認同與其他地區的認同有明顯的區隔。第三，亞洲金融危機及其他區域整合的發展，也促使亞洲國家，至少是東亞國家認為應該建立屬於亞洲本身的認同。

亞洲區域認同的建立，可以透過發展出有別於其他區域的區域文化特色，也可以透過集體記憶的建立以及國民教育中歷史教育課程的實施，以及藉由區域意識的建構。當然這四種建構區域認同的方式，並不全然是互斥的，反而有部分相容的現象。當然這其中並不是沒有困難，東南亞國家都有被殖民的集體記憶與歷史經驗，但是日本卻是殖民的集體記憶與歷史經驗。因此透過發展區域文化與強化區域意識，應是建構區域認同的兩個較為可行的途徑。

儘管如此，在發展區域文化方面有些困難度。就亞洲國家而言，除了東北亞的台灣、中國大陸、日本、韓國及東南亞的新加坡、越南，受到較多儒家文化影響之外，其他國家例如印尼、馬來西亞、泰國、菲律賓、汶萊等國，很難與儒家文化產生連結。尤其是印尼與馬來西亞因為信奉回教的關係，其文化恐怕更貼近中東國家的回教文化。此外，各國也會擔心以儒家文化為文化主軸，會否最後演變為「中國化」，而不是「亞洲化」。因此，若要透過發展文化來強化亞洲認同，恐怕必須發展出一套新的亞洲文化，強化區域意識則較無此方面的問題，也是未來可以大力著墨之處。

亞洲區域按地理可概區分為東亞、中亞、西亞及南亞，每個次區域內都有不同的文化，過去也缺乏機制來強化區域意識的建立，因此在短時間內要透過發展共同文化及強化區域意識來達成建構亞洲認同的目標，有其實質上的困難。在過去的一段時間內，也只有東亞地區在發展共同文化與強化區域意識方面，比較有進展。所幸東亞本身也存在不少文化差異，或許在建構「東亞共同體」的過程中，可以提供各個次區域未來要建構整體亞洲認同的借鑑作用。

　　由於亞洲區域認同的建立在東亞地區比較有進展，因此本文就偏重探討東亞各國在建構東亞區域認同的過程。1990年代馬來西亞前總理提出要建構EAEC，可以說是強化區域意識的濫觴。雖然日本因為種種因素無法擔負起推動「東亞經濟核心小組」領頭羊的角色，再加上東南亞國協各國並未在其中有共同的利益，使得該構想的落實進度有限。不過，近期不論是中國大陸、日本及南韓的官員，都對於建立具有強化區域意識之「東亞共同體」概念表示認同，加上「東協加三」機制的配合，使得「東亞共同體」願景實現的可能性愈來愈高。

　　此外，隨著東南亞文化週的推動，以及東亞大城市已發展出共同的消費者文化、東亞國家的人民開始擁抱共同的政治規範，東亞國家中產階級的成長，且具備1980、1990年代經歷政治自由化的共同經驗，都足以刺激東亞國家不論在政治議題和公民社會議題上有更多合作。一項針對新加坡本地及亞洲國家在新加坡的留學生共2453位，所做的關於亞洲認

同成長對穩定之重要性與否的調查顯示，超過9成的亞洲學生認為亞洲認同成長對穩定非常重要或有點重要，只有不到1成的學生認為不怎麼重要，或甚至認為完全都不重要。凡此都說明建構亞洲區域認同，尤其是東亞區域認同愈趨成熟。

當然建構東亞區域認同也不是沒有任何挑戰。首先，缺乏制度化與法律強制協議的「東協途徑」，能否有利於建構區域認同仍存在不少疑問，因為若沒有制度與法律的約束力，要「在多樣性中維持整體性」會有實質的困難度。其次，區域內仍有許多邊界與領土主權爭端的問題待解決，例如越南、中國大陸、台灣、馬來西亞、菲律賓及汶萊關於南海諸島等的領土主權爭議等，也會增加建構認同的難度。

再次，東亞國家仍會擔心大陸會吸引所有外資，經由購買窮國的石油與木材等天然資源，再回銷高價值產品至該等國家，對其形成不平衡的貿易關係；日本與中國大陸在東南亞地區政治與經濟影響力的競爭關係，以及彼此之間缺乏互信，也讓落實建構「東亞共同體」沒有樂觀的理由。最後，美國的反對態度亦不能忽視，畢竟美國曾表態不樂見「東亞經濟核心小組」的機制建立，認為如此會傷害美國在亞洲的利益，更何況東南亞國家尚需要美國在區域穩定上的協助，要不在乎美國的態度其實並不容易。

總而言之，雖然東亞國家大都同意建構區域認同有助於區域整合的進行，也在區域認同上採取了許多措施，以及在盡力推動。不過，區域認同的建立不僅是認同本身而已，上

述挑戰其實都涉及到制度及權力的問題，若是在建立區域認同的過程中，無法將權力與制度納入一併考量，在建構區域認同的落實上，恐會進展有限。過去在建議「東亞經濟核心小組」所面臨的問題，恐怕同樣也會在建構「東亞共同體」的過程中出現。

第四章

台灣地區民眾的國家認同：
大陸學者的觀點[1]

第一節　前言

　　儘管自2008年國民黨重新執政以來，兩岸關係按照大陸學者的說法，走上了和平發展的正確道路。[2]然而台灣民眾的國家認同，即認同自己是台灣人、中國人或兩者皆是的比例，不但未朝向兩岸融和的方向發展，僅認同自己是台灣人的比例反而屢創新高。根據政治大學選舉研究中心2013年6月公布的資料顯示，認為自己是台灣人的比例為57.5%，比2008年的48.4%高出將近10%。[3]此種國家認同的變化，使大陸學者主張以兩岸治理，即運用各種公共或私人之個人或機構管理共同事務的難度增加。[4]究竟中國大陸如何面對台灣民眾此種國家認同與大陸民眾日益分歧的現象？

---

[1]　本章曾刊登於國際與公共事務第七期，2017，39-63。
[2]　張文生，兩岸政治互信與台灣民眾的政治認同，**台灣研究集刊**，2010年第6期，1-8。
[3]　政治大學選舉研究中心，台灣民眾台灣人／中國人認同趨勢分佈，2013年6月http://esc.nccu.edu.tw/course/news.php?Sn=166#。
[4]　治理概念請參見康仙鵬，兩岸治理，**台灣研究集刊**，2010年第4期，24-37。

大陸學者將台灣民眾的國家認同視為影響建立兩岸政治互信的關鍵因素，[5]借鑑西方的公共治理理念，讓兩岸民間社會的力量進一步釋放出來，亦被大陸學者視為是引導和推動兩岸和平發展的新力量，成為兩岸公權力部門合理有效的補充。[6]因大陸學者近來參與官方決策的機會增加，因此，本文的目的在於透過中國大陸學者關於台灣國家認同的看法，以及如何透過治理理論來理順兩岸政治關係，探討兩岸關係究竟會否因為各方面的交流增加，而拉近彼此對於國家認同的差距。

為了達成上述目的，本文首先將針對大陸學者關於國家認同的理解，以及認知台灣民眾的國家認同現況進行介紹。其次，則是著重討論大陸學者對於台灣民眾國家認同形成的原因，並將之進行歸類與比較及其所代表的意涵。再次，將整理大陸學者關於改變台灣民眾國家認同趨勢的策略，並評估其能否達到預定的效果。最後，則是本文的結論，將綜合討論大陸對於台灣民眾國家認同的理解與所採行的改變策略，對於拉近兩岸民眾的國家認同差距，能否產生預期的作用。

雖然台灣民眾的國家認同趨勢，早在2008年前就已經成為關注兩岸關係之學者研究的重點。例如，胡文生在2006年就指出：「經過近一、二十年的發展演變，『台灣

5　張文生，兩岸政治互信與台灣民眾的政治認同，1-8。
6　劉國深，試論和平發展背景下的兩岸共同治理，台灣研究集刊，2009年第4期，1-7。

主體性』意識已在台灣生根，如何能將這種『台灣主體性』與對中華民族的國家認同結合起來，需要我們認真加以思考。」[7]但是，台灣民眾的國家認同議題，受到廣泛關注反而是在2008年以後，因為對大陸學者而言，這既是和平發展的需要，[8]也是基於他們發現，在兩岸和平發展大氣候已然形成的同時，從2008年開始，只認為自己是「台灣人」的民眾，明顯超過「既是台灣人又是中國人」的民眾。[9]因此本文所檢視的文獻，主要是以2008年以後的為主，以利能更廣泛地瞭解大陸學者對於台灣民眾國家認同的認知及其對策。

第二節　文獻分析：國家認同不同的面向

大陸學者在探討台灣民眾國家認同的用語上出現分歧的現象，分別有用國家認同、[10]政治認同、[11]台灣人認同、[12]文

---

[7] 胡文生，台灣民眾的國家認同問題的由來、歷史及現實，**北京聯合大學學報**，第4卷第2期，2006年6月，83-88。

[8] 郭震遠，台灣的兩岸國家缺失及其對兩岸關係的影響，**中國評論**，第176期，2012年8月，11-14。

[9] 林紅，和平發展形勢下台灣民眾的「中國意識」，**中國評論**，第173期，2012年5月，26-30。

[10] 郭震遠，台灣的兩岸國家缺失及其對兩岸關係的影響，11-14；劉強，兩岸互動與國家認同──基於台灣民眾分析的視角，**中央社會主義學院學報**，2009年第4期（總160期），59-63。

[11] 張文生，兩岸政治互信與台灣民眾的政治認同，1-8；陳曉曉，兩岸和平發展新形勢下的台灣青年政治認同研究，**學理論**，27期，2012年，23-25。

[12] 楊冬磊，試析論「台灣人認同」內涵的多面性，**台灣研究集刊**，2013年第3期（總127），24-31；陳孔立，從「台灣人認同」到雙重認同，**台灣研究集刊**，2012年第4期（總122），1-7。

化認同、[13]國族認同、[14]身分認同[15]等等，當然也有單純只用認同的。[16]甚至有同一位作者卻出現不同之認同用法的現象，例如在廣州市社會主義學院擔任講師的劉強，在2009年發表文章使用的是「國家認同」[17]，到了2011年發表文章時，卻同時混用「國族認同」與「國家認同」。[18]同樣的情況，也發生在廈門大學台灣研究院擔任副教授的張羽身上。張羽在2009年發表文章時使用的是「文化認同」研究，[19]到了2011年與其學生王琨共同發表的文章，又變成使用「身分認同」研究。[20]可見大陸學者在使用「認同」一詞的任意性頗高。為了準確掌握大陸學者對於台灣民眾的國家認同內涵，有必要先針對上述認同的不同表述方式，予以釐清，以利後續的討論。

---

[13] 俞新天，當前兩岸文化認同的問題與前景，**中國評論**，2013年第1期，25-28；張羽，二十年來台灣民眾集體記憶與文化認同研究——以台灣的博物館為觀察場域，**台灣研究**，2009年第4期，13-17。

[14] 劉強，社會記憶與台灣民眾的國族認同，**中華文化**，2011年第2期（總70），60-80；唐建兵，潛在危局：台灣民眾國族認同論析，**嘉興學院學報**，第24卷第4期，2012年7月，139-144；孫慰川、楊雯，論新世紀初期台灣電影的國族認同迷失，**當代電影**，2012年第10期，137-141。

[15] 張羽、王琨，近二十年來台灣知識分子的文化論爭與身份認同研究，**台灣研究**，2011年第6期，34-38；王曉琴，從歷史視角看兩岸文化教育文流對台灣民眾「身份認同」影響，**安徽商貿技術學院學報**，第11卷第4期（總44期），2012，1-5。

[16] 鄭劍，如何強化兩岸的認同與互信，**中國評論**，187期，2013年7月，18-21；陳孔立，兩岸認同的過程——雙管雙向互動模式，**台灣研究集刊**，2012年第5期（總123期），10-16。

[17] 劉強，兩岸互動與國家認同——基於台灣民眾分析的視角，頁59-63。

[18] 劉強，社會記憶與台灣民眾的國族認同，60-80；劉強，族群結構與台灣民眾的國家認同，**廣州社會主義學院學報**，2011年第3期（總34期），49-52。

[19] 張羽，二十年來台灣民眾集體記憶與文化認同研究——以台灣的博物館為觀察場域，13-17。

[20] 張羽、王琨，近二十年來台灣知識分子的文化論爭與身份認同研究，34-38。

一、國家認同與政治認同位階的混淆

　　康菲及劉向紅認為，國家認同是人們對於自己的國家成員身分的知悉接受，國家認同包括「文化認同」、「民族認同」與「政治認同」。[21]其中「文化認同」係特定的個體和群體，對其民族或國家的歷史淵源、文化特徵、價值觀念和人文底蘊，在認識上有共同點或相似點；「民族認同」是指一個民族中的人們對於自己所屬民族的歸屬意識；「政治認同」則指人們在社會政治生活中所產生的一種歸屬感。[22]康菲及劉向紅並認為，國家認同是「文化認同」、「民族認同」與「政治認同」的昇華與最高層次，有利於加強「文化認同」、「民族認同」與「政治認同」。[23]

　　換言之，康菲與劉向紅認為「國家認同」大於「政治認同」。這樣的觀點也出現在郭震遠的論述當中，他表示「文化認同」、「民族認同」不是「國家認同」的決定性因素，「國家認同」是位於最高端的認同，「文化認同」、「民族認同」及「政治認同」，則分處於認同的不同層次。[24]同樣是探討「國家認同」，與康菲、劉向紅及郭震遠不同的是，徐曉迪認為對「國家認同」是最基本的「政治認同」。[25]

[21] 康菲、劉向紅，大力加強兩岸文化交流提昇台灣同胞國家認同感，理論界，2012年11期（總471期），59-62。
[22] 同前註。
[23] 同前註。
[24] 郭震遠，兩岸國家認同的特色與影響，中國評論，第181期，2013年11月，9-13。
[25] 徐曉迪，試析論台灣部分民眾國家認同的發展趨勢，福建省社會主義學院

「國家認同」究竟是「政治認同」的最高層次,或者是最基本的?顯然讓人摸不著頭緒。大陸學者關於「國家認同」內涵與範圍的混淆,會否因此造成其對於理解台灣民眾的國家認同的偏差,容後討論。

二、政治認同的核心與範圍之差異

誠如前述,大陸學者在「政治認同」與「國家認同」的從屬關係上,出現混淆的現象,此種現象在張文生的論述中顯得更加明顯。張文生認為,「政治認同」是人們在政治生活中的自我歸屬,[26]這樣的定義與康菲、劉向紅關於「政治認同」的定義並沒有太大的差異。只是張文生接著表示,「政治認同」的核心是「國家認同」,但是「國家認同」則包含「政治認同」與「文化認同」兩個層面,「政治認同」和「文化認同」都是「國家認同」的重要層面。「政治認同」的核心既是「國家認同」,就代表「政治認同」的範圍比「國家認同」大,不過卻又表示「政治認同」被包含在「國家認同」之內,顯然又使得兩者在定位關係上出現了混亂的情況。

同樣是討論「政治認同」,陳曉曉引用《中國大百科全書·政治學》的定義,認為「政治認同」是人們對於社會政治生活的歸屬感。[27]關於定義的部分,與前述學者的定義沒

學報,2013年第1期(總94期),107-111;徐曉迪,「鏡像認知」到「增量認同」:台灣民眾國家認同趨向研究,**中央社會主義學院學報**,2013年第4期(總182期),85-90。

[26] 張文生,兩岸政治互信與台灣民眾的政治認同,3。

[27] 陳曉曉,兩岸和平發展新形勢下的台灣青年政治認同研究,24。

有差異。真正出現差異的部分是陳曉曉認為，「政治認同」包括「國家認同」、「民族認同」及「制度認同」。[28]「政治認同」、「國家認同」、「民族認同」、「文化認同」彼此之間的關係，原本就已經不易釐清了，現在又加入了新的元素「制度認同」，就更不易讓人們對於「政治認同」有清楚的認識。至於余克禮雖然也用了「政治認同」的詞彙，但是主要著重在討論「兩岸同屬一中」的「政治認同」基礎上，並表示兩岸在堅持一個中國原則，及對「國家和民族認同」的問題上，原本沒有任何分歧。[29]似乎認為「政治認同」、「國家認同」及「民族認同」沒有什麼區別。然而根據前述大陸學者的定義，三者還是有所區別，大陸學者關於「政治認同」的內涵及範圍規範的不嚴謹，自然就容易依照本身的理解來解讀台灣民眾的認同問題，以負面的角度解讀就自然不過了。

三、台灣人認同的多面性

有部分大陸學者用「台灣人認同」來探討台灣民眾的國家認同，例如楊冬磊就表示，「台灣人認同」是台灣民眾在長期的、複雜的社會行動中，伴隨著島內外社會環境及兩岸關係的變遷，自覺或不自覺地共同建構而成的一套心理傾向和價值判斷模式。[30]楊冬磊認為，台灣人認同的主要內容包

---

[28] 同前註。

[29] 余克禮，維護政治認同與互信的基礎深化兩岸關係和平發展，**統一論壇**，2012年第5期，13-17。

[30] 楊冬磊，試析論「台灣人認同」內涵的多面性，24-25。

含：熱愛鄉土的「地域認同」、現實主義的「利益認同」以及分離主義傾向的「國家認同」。[31]楊冬磊解釋道，分離主義傾向的「國家認同」，指的就是「台獨認同」，即謀求台灣成為一個獨立國家的政治主張，是高度政治化、意識形態化的「台灣人認同」；不過其中有部分可能主張某種形式的暫時分離，以後再謀求統一，或是只要求獨立於中華人民共和國之外。[32]

　　既然分離主義傾向的「國家認同」，只是「台灣人認同」眾多內涵之一，這就意味著台灣人雖然有出現有別於中國大陸的認同，不代表非建立獨立國家不可。此點在陳孔立的研究當中就更加的明顯。陳孔立指出，「台灣人認同」是表明台灣民眾對台灣有歸屬感，以此與不在台灣生活的人有所區別，且「台灣人認同」不完全等同於政治態度，「認同台灣」與「認同中國」不一定相互對立。[33]然而在此要說明的是，「不完全等同於政治態度」，代表陳孔立也明白，在台灣人的認同內涵中，有部分是等同於「政治態度」，就是楊冬磊所說的，分離主義傾向的「國家認同」。同樣地，「『認同台灣』與『認同中國』不一定相互對立」，也在說明兩者存在對立的可能性，只是關鍵在於對立的程度有高？以及能否被有效化解？

---

[31] 楊冬磊，試析論「台灣人認同」內涵的多面性，25。
[32] 楊冬磊，試析論「台灣人認同」內涵的多面性，25-26。
[33] 陳孔立，從「台灣人認同」到雙重認同，1。

四、文化認同的內涵不清

　　大陸學者也經常用「文化認同」來探討台灣民眾的認同問題，不過普遍未對其標示明確的定義，而是透過博物館、[34]電影、[35]文化文流[36]或者台灣文化與中華文化之間的關係，[37]來論述台灣民眾的「文化認同」。例如吳明就表示，台灣「文化認同」不可迴避的三大組成為：本土文化、日本文化、大陸文化，並列舉三位電影導演的作品，係完成在地尋根的文化自信、釐清日本情結的文化自覺，以及回歸大陸母體的震顫。[38]不論三位導演是否真有其意，不過在吳明的觀點之中，尋根、釐清、回歸的三部曲，似乎是天經地義的事，只是作者也承認電影「轉山」的結局，是當代台灣文化向大陸母體回歸一次不太成功的試探。[39]

　　俞新天則表示，強調文化是因為「文化認同」是一切認同的基礎，也認為兩岸人民在「政治認同」與「國家認同」上的分歧明顯，短期內難以消除，從培固「文化認同」入手，對於拉近兩岸人民心靈距離，共同支持兩岸關係和平

---

[34]　張羽，二十年來台灣民眾集體記憶與文化認同研究──以台灣的博物館為觀察場域，13-17。

[35]　吳明，從在地尋根到嘗試回歸──三位導演處女作中的台灣文化認同新轉向，當代電影，2012年12期，151-153。

[36]　黃曙霞，兩岸文化大交流對台灣同胞認同的影響研究，貴州師範學院學報，第27卷第10期，2011年10月，1-6。

[37]　俞新天，當前兩岸文化認同的問題與前景，25-28。

[38]　吳明，從在地尋根到嘗試回歸──三位導演處女作中的台灣文化認同新轉向，151-153。

[39]　吳明，從在地尋根到嘗試回歸──三位導演處女作中的台灣文化認同新轉向，153。

發展至關重要。[40]也正因為俞新天將「文化認同」視為是「政治認同」與「國家認同」的基礎，以致於忽略台灣文化內涵的特性，因此認為不該以台灣文化多元性來否定中華文化的主體性，甚至得出台灣「文化認同」具有傲慢與偏見的結論，[41]就不甚奇怪。如同吳明率先得出回歸的結論，最後出現回歸不成功，又豈非是當初設定回歸就已經偏差了嗎？

五、國族認同是文化認同與政治認同的統一

唐建兵認為狹義的「民族認同」等同於「族群認同」，是指民族成員對於構成本民族與眾不同遺產的價值觀、象徵物、記憶、神話和傳統模式等的認可與共識；廣義的「民族認同」即為「國族認同」，包括漢族在內的56個民族對數千年中華傳統文化、歷史記憶及國民身分等方面的認可與共識。[42]很明顯地唐建兵是用漢族的角度來思考「國族認同」，才會獨尊中華文化，也正因為如此，才會得出台灣民眾的「國族認同」出現斯德哥爾摩困境。[43]

至於劉強則是從社會記憶的角度來探討台灣民眾的「國族認同」。劉強認為，因為兩岸隔離，特別是在日本殖民和國民政府統治時期，台灣走上了一條與大陸明顯不同的發展道路，從而使台灣民眾形成與大陸同胞迥然相異的社會記

---

[40] 俞新天，當前兩岸文化認同的問題與前景，25-26。
[41] 俞新天，當前兩岸文化認同的問題與前景，26-27。
[42] 唐建兵，潛在危局：台灣民眾國族認同論析，140-141。
[43] 唐建兵，潛在危局：台灣民眾國族認同論析，141。

憶。[44]不同的社會記憶原本就沒有什麼正負向之分別，但是
因為台灣民眾的社會記憶及其對「國族認同」的影響與大陸
學者理解的認知有差距，所以在劉強的觀點中，就認為台灣
民眾的社會記憶，普遍形成了家國飄零和迷茫悵惘的心理，
產生了深深的不安全感與焦慮感。[45]換言之，大陸學者認
為，由於「文化認同」與「政治認同」無法統一，以致於造
成「國族認同」的迷失。[46]

六、身分認同出現明顯的「去中趨台」現象

　　最後則是有部分大陸學者，傾向用「身分認同」探討
台灣民眾的「國家認同」問題。例如王曉琴就認為，「身分
認同」是指自我認同從屬於某個群體的身分，又可分成「民
族認同」、「文化認同」與「國家認同」。[47]此外，王曉琴
也主張，身分認同不是天生的，而是來自於社會經驗和活動
過程，所以台灣民眾的對祖國大陸的「民族（中華民族）
認同」、「文化（中華文化）認同」、「國家（中國）認
同」，可以成為既是感情也是理性的標誌。[48]

　　吳仲柱則認為「身分認同」包含兩個基本向度，一是
自我判定，即個體固有的信念與內在感受；二是他者辨別，
一般按對象的膚色血統、生活習俗、思維方式等作出判斷；

---

[44] 劉強，社會記憶與台灣民眾的國族認同，60-61。
[45] 劉強，社會記憶與台灣民眾的國族認同，61。
[46] 孫慰川、楊雯，論新世紀初期台灣電影的國族認同迷失，137-141。
[47] 王曉琴，從歷史視角看兩岸文化教育交流對台灣民眾「身份認同」影響，1。
[48] 王曉琴，從歷史視角看兩岸文化教育交流對台灣民眾「身份認同」影響，4。

「身分認同」的建構及確立，具體地反映為自我觀點和他者看法等內外因素的複雜互動。[49]吳仲柱進一步指出，台灣民眾自我身分判定出現明顯的「去中趨台」的現象，他認為是受到獨特的地理（華夏邊緣與孤島心態）、歷史（移民心結與悲情意識）、經濟（依附美日與台灣優先）、政治（反共拒和與仇中趨獨）活動的交互作用之影響。[50]

　　儘管大陸學者用了許多有別「國家認同」的其他認同用語，來探討台灣民眾「國家認同」的傾向，尤其是在探討台灣民眾的認同傾向時，即使所用之認同的名稱不同，但是所引用的大部分資料，都是台灣民眾認同自己是台灣人或中國人的比例。因此，基於方便討論，本文不會特別去解析大陸學者認定之台灣民眾各種不同的認同，其相同與相異的部分究竟代表何意？由於大陸學者普遍以「國家認同」作為探討台灣民眾認同的特性與發展，因此本文將以「國家認同」作為代表，來理解大陸學者如何認定台灣民眾的認同趨向。

第三節　台灣民眾國家認同的現狀

　　在眾多大陸學者研究台灣民眾國家認同的現狀中，除了少數是從台灣當局探討國家認同，或者特定的群體如統派以外，[51]大部分是從民眾的角度來探討。而在其研究中有關

---

[49] 吳仲柱，論台灣地區身份認同異化的深層誘因，**哈爾濱師範大學社會科學學報**，2011年第3期（總4期），37-41。

[50] 同前註。

[51] 陳以定，台灣當局統獨政策的國家認同觀，**長春大學學報**，第19卷1期，

台灣民眾國家認同的傾向與趨勢，大部分是採用政大選舉研究中心、TVBS、遠見雜誌、天下雜誌的民調資料。[52]例如唐建兵引用政大選舉研究中心公布的民調資料指出，在16年間，認同「中國人」的比例，從26.2%下降至5.5%，表明「中國人」的認同呈趨弱態勢；而認同「台灣人」的比例則從19.3%上升至43.7%，表明台灣民眾認同日趨本土化；認同既是中國人也是台灣人的比例從45.4%上升至45.8%，沒有什麼太大變化。[53]

　　當然上述數字是2011年以前的數字，郭震遠更注意到2013年政治大學選舉研究中心的民調數字，認為「台灣人」而不是「中國人」的比例已經上升為57.7%；自認為「中國人」的是3.6%；自認為既是「台灣人」也是「中國人」的為36.1%。[54]儘管郭震遠認為民調數據只有參考意義，但是他也坦承，上述數字仍可以看到台灣民眾對於「中國人」的認同，已明顯少於對只是「台灣人」認同的變化趨勢。[55]除了以探討全體台灣民眾國家認同的趨勢外，部分大陸學者也將研究對象集中在青年世代。

　　2009年1月，89-92；郭艷，從台灣「統派」現狀看台灣民眾國家認同問題，**重慶社會主義學院學報**，2012年第5期，59-61。

[52] 唐建兵，潛在危局：台灣民眾國族認同論析，140-144；徐曉迪，「鏡像認知」到「增量認同」：台灣民眾國家認同趨向研究，85 90；郭震遠，兩岸國家認同的特色與影響，9-13；王曉琴，從歷史視角看兩岸文化教育文流對台灣民眾「身份認同」影響，1-5；張文生，兩岸政治互信與台灣民眾的政治認同，1-8。

[53] 唐建兵，潛在危局：台灣民眾國族認同論析，141。

[54] 郭震遠，兩岸國家認同的特色與影響，9-10。

[55] 同前註。

就如同陳曉曉所指出的，台灣每4年大約增加1百萬左右青年選民，這個群體對台灣未來的政治，尤其是選舉，以及兩岸關係會產生很大的影響；兩岸問題若沒辦法好好解決，會影響下一代更久的時間。[56]然而青年世代的國家認同的民調數字，自認是台灣人的比例更高。郭艷、王曉琴及林紅等都注意到了2009年12月台灣天下雜誌所做關於年輕世代的民調數字，自認為「台灣人」的高達75%，僅15%認為自己「既是台灣人也是中國人」，回答自己是中國人的不到10%。[57]也正因為如此，郭艷認為台灣年輕世代「認同台灣」已享有「國家認同」的地位，其父輩間分歧嚴重的統獨問題似乎成了一個假議題。[58]

　　由於台灣民眾的國家認同的趨向，與大陸學者期望看到的有不少差距，以致於在描述原本客觀存在的認同趨勢，就會有許多負面評價的傾向。徐曉迪就以鏡像認知（意指兩邊人民長期處於強烈敵意的對抗狀態中，就會形成一種固定和扭曲的觀念）來說明因為受到扭曲的意識形態認知的影響，使台灣民眾對國家主體認知形成隔閡與錯位的「認同慣性」。[59]此外，唐建兵不僅認為台灣民眾的「國族認同」是種「潛在危局」，並且用「斯德哥爾摩困境」來形容台灣民眾國族認同的現象；[60]吳仲柱則認為台灣民眾的身分認同是

56　陳曉曉，兩岸和平發展新形勢下的台灣青年政治認同研究，24。

57　郭艷，台灣「年輕世代」國家認同的現狀與成因分析，**台灣研究**，2011第3期，29-33；王曉琴，從歷史視角看兩岸文化教育文流對台灣民眾「身份認同」影響，頁4；林紅，和平發展形勢下台灣民眾的「中國意識」，26-27。

58　郭艷，台灣「年輕世代」國家認同的現狀與成因分析，頁29。

59　徐曉迪，「鏡像認知」到「增量認同」：台灣民眾國家認同趨向研究，86。

60　唐建兵，潛在危局：台灣民眾國族認同論析，140-142。

一種「異化」[61]；孫慰川、楊雯則是用「迷思」來描述台灣電影中的「國族認同」[62]；至於徐曉迪則以「缺失」來定位台灣部分民眾的國家認同觀。[63]

即使看似客觀的集體記憶與「文化認同」研究，也會得出「通過展示物選擇性的遺漏，加重悲情渲染」、「通過展示物的切割與聯結，完全政治立場的宣誓」、「通過對展示物的『誤讀』，進而導出多元新解」等的結論。[64]

第四節　造成台灣民眾國家認同現狀的原因分析

大陸學者對於台灣民眾的國家認同現狀作出解釋（如圖），主要原因有受到政治人物與政策教育，以及台灣本身之歷史、地理及經濟的影響，以下將分述之。

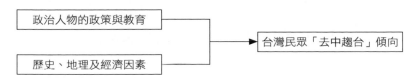

圖4-1：台灣民眾去中趨台傾向的原因分析

資料來源：作者自製

---

[61] 吳仲柱，論台灣地區身份認同異化的深層誘因，37-41；康菲與劉向紅也表示，文化台獨現象的出現，使得台灣同胞的文化認同感出現了異化甚至背叛，請參見康菲、劉向紅，大力加強兩岸文化交流提昇台灣同胞國家認同感，59。

[62] 孫慰川、楊雯，論新世紀初期台灣電影的國族認同迷失，137-141。

[63] 徐曉迪，試析論台灣部分民眾國家認同的發展趨勢，107。

[64] 張羽，二十年來台灣民眾集體記憶與文化認同研究──以台灣的博物館為觀察場域，14-16。

一、政治人物的政策與教育之影響

　　大部分的大陸學者，都認為台灣民眾的「國家認同」出現「去中趨台」的變化，與前總統李登輝、陳水扁在執政時推行的本土化政策有關。例如郭震遠就指出，台灣民眾身分認定去中國化的加強，兩岸國家認同缺失的擴大，充分表明過去30年中的台灣執政者，特別是李登輝、陳水扁二人，在島內鼓吹「台獨史觀」、宣揚「台灣主體意識」，大肆推進「去中國化」，所造成的嚴重後果。[65]廖中武也表示，李登輝和陳水扁推動下的中華民國憲改在法治上觀上固化了「中華民國在台灣」想像，其結果是使得台灣民眾的「國家認同」傾向出現混亂，同時李登輝與陳水扁時期的「文化台獨」、「去中國化」、「公投制憲」等激化了統獨矛盾，使得台灣民眾的「國家認同」出現異常混亂的狀況。[66]

　　然而自2008年國民黨重新執政以來，台灣民眾的「國家認同」沒有明顯改善，固然被大陸學者認為是受到意識形態落後於經濟基礎、台獨繼續誤導「一個中國認同」的影響，

---

[65]　郭震遠，台灣的兩岸國家認同缺失及其對兩岸關係的影響，11-14。

[66]　廖中武，政治社會化：台灣民眾國家認同的建構路徑，**湖南師範大學社會科學學報**，2012年第4期，69-74。類似觀點也出現徐曉迪、王曉琴、張文生、孫雲的研究之中，請參見徐曉迪，「鏡像認知」到「增量認同」：台灣民眾國家認同趨向研究，86；王曉琴，從歷史視角看兩岸文化教育文流對台灣民眾「身份認同」影響，4；張文生，兩岸政治互信與台灣民眾的政治認同，4-6；孫雲，從「我群」到「他者」：20世紀90年代以來台灣民眾認同轉變的成因分析，**台灣研究集刊**，2013年第3期（總127期），8-14。

但是馬英九執政消極干擾「一個中國認同」，亦是重要原因。[67]就如同孫曉迪指出的，馬英九上台後基於自身執政與選舉的考量，選擇了「不統、不獨、不武」的綏靖政策，未能真正在法理和政策上解決「台灣主體性」與「一個中國」（中華民國）的邏輯困境。[68]吳仲柱也認為，馬英九團隊似乎更願意追隨「台獨」主張，主張「中華民國是一個主權獨立國家」、「台灣前途由2300萬台灣人決定」；由此，島內民意「統降獨升」，身分定位「去中趨台」更日益明顯。[69]

不過究竟是台灣的執政者推動相關政策造成台灣民眾「國家認同」的變遷，或者是台灣民眾本身的「國家認同」，導致執政者必須推動此類政策，恐怕雞生蛋、蛋生雞的問題。例如張文生就指出，台灣民眾的「政治認同」，對於台灣當局和台灣各政黨領導人的政治態度和政治行為，有關鍵的制約作用。[70]換言之，依照張文生說法，台灣執政者推動本土化政策，係受到台灣民眾原本就具備之「政治認同」的影響，因為選舉的關係，所以不得不回應民眾的需要，將所有責任都推給執政者仍然有待商榷。

---

[67] 宋淑玉，馬英九執政時期台灣「一個中國認同」問題的解析，**思想理論教育導刊**，2012年第6期（總162期），58-60。

[68] 徐曉迪，「鏡像認知」到「增量認同」：台灣民眾國家認同趨向研究，87。

[69] 吳仲柱，論台灣地區身份認同異化的深層誘因，頁37-41；郭震遠的研究也呈現類似的觀點，請參見郭震遠，台灣的兩岸國家認同缺失及其對兩岸關係的影響，14。

[70] 張文生，兩岸政治互信與台灣民眾的政治認同，3。

二、從歷史、地理及經濟的角度來解釋

　　此外，有部分大陸學者也從歷史、地理及經濟的角度來解釋台灣民眾「國家認同」變遷的原因。例如孫雲就指出，與大陸其他省分相比，台灣的歷史經驗比較特殊，在歷史上多次遭受外敵入侵，這種獨特的經歷使台灣人產生某些獨特的歷史記憶與心態，這些特殊的集體記憶對與大陸凝聚為「我群」有潛在的負面影響。[71]劉強也表示，在日本殖民和國民政府統治時期，台灣走上了一條與大陸明顯不同的發展道路，從而使台灣民眾形成了與大陸同胞存在著明顯差異的社會記憶，台灣民眾的社會記憶對其「國族認同」產生了深刻的影響。[72]

　　關於地理因素，吳仲柱指出，作為中國東南與日韓朝俄及南洋諸國的海上交通樞紐，台灣不僅擁有得天獨厚的地緣便利，同時兼具了海疆邊陲與島嶼生態等多重特性，因此形塑島內民眾的「身分認同」。[73]換言之，是台灣的特殊地理位置，讓生活在這島嶼上的民眾容易形成獨有的「身分認同」，若就此角度而言，執政者所推動的本土化政策，豈非是在回應島上民眾本身「身分認同」的需求？既然作者使用

---

[71] 孫雲，從「我群」到「他者」：20世紀90年代以來台灣民眾認同轉變的成因分析，11-12。

[72] 劉強，社會記憶與台灣民眾的國族認同，60-61；有關社會記憶亦請參見陳孔立，台灣社會的歷史記憶與群體認同，**台灣研究集刊**，2011年第5期（總117期），1-10。

[73] 吳仲柱，論台灣地區身份認同異化的深層誘因，37-38。

的是「深層誘因」，意味著這是種根深柢固的思維，執政者回應此種深層的需求，誰曰不宜？

　　就經濟層面對「國家認同」的影響而言，郭艷就表示，隨著台灣的快速工業化進程及與世界其他地區的經貿聯繫的加強，許多台灣年輕世代雖對台灣當前經濟狀況和民生亂象不滿，但仍對台灣發展成就有著自豪感，這既來自於台灣「亞洲四小龍之一」的經濟發展水平，也來自於對台灣政治體制轉型的認同。[74]吳仲柱亦指出，由於兩岸過去深陷對峙僵持，台灣經濟的自力成長與創造奇蹟，不得不更多地倚重美日等西方國家，在情感上台灣民眾與美國更親近，再加上長期隔絕使兩岸思想觀念、生活水平出現明顯差異，發展略快的台灣難免會強化本土「身分認同」。

　　由此可見，大陸學者除了就執政者的角度觀察，得出執政者推動本土化政策對台灣民眾「國家認同」態度互為影響外，舉凡歷史或社會記憶、地理因素及經濟發展層面，都為台灣民眾發展出有別於大陸同胞的「國家認同」，提供了應有的催化作用。若是大陸方面想要縮短兩岸民眾對於「國家認同」的差距，除了地理因素難以改變外，其他諸如改變執政者的政策、創造民眾共同的社會記憶，加強兩岸彼此經濟聯結，都是必要的舉措，也是大陸學者認為可以採行的政策路徑。[75]

---

[74] 郭艷，台灣「年輕世代」國家認同的現狀與成因分析，31。
[75] 吳仲柱，論台灣地區身份認同異化的深層誘因，41。

第五節　改變台灣民眾國家認同的治理舉措

誠如前述，運用公共治理理念，讓兩岸民間社會的力量進一步釋放出來，係被大陸學者視為是引導和推動兩岸和平發展的新力量，成為兩岸公權力部門合理有效的補充。由於受到地理、歷史經驗與經濟因素的影響，使台灣民眾發展出與大陸民眾差異頗大的「國家認同」趨向，在地理環境無法改變的情況下，為了拉近兩者的差距，修復或重構歷史或社會記憶，以及擴大經濟合作（如圖2），就十分關鍵。以下將分述大陸學者重構歷史或社會記憶，以及擴大經貿合作的相關舉措。

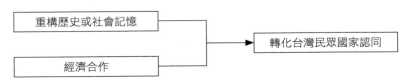

圖4-2：改變台灣民眾認同的途徑

資料來源：作者自製

唐建兵在提升台灣「國族認同」的三項有效途徑中，將「修復歷史記憶」列為首要工作，認為中華文化主體性受到重大挑戰而弱化，是台灣民眾「國族認同」趨弱的致命弱點，也恰恰是兩岸工作今後的努力之需。[76]廖中武也認為在

---

[76] 唐建兵，潛在危局：台灣民眾國族認同論析，140-141。

通過政治社會化路徑再建「國家認同」的過程中，第一就是要促進兩岸共同史觀的教育，大陸對台灣在特殊歷史背景下形成的「恐共仇中」情節、悲情意識等政治心理正確解讀，使得兩岸在交流中不會產生更多的誤解與隔閡。[77]

　　長期從事台灣民眾「國家認同」研究的大陸學者陳孔立也指出，認同是可以改變的，隨著兩岸交流交往的發展，兩岸人民友好合作方面將建立美好的共同集體記憶，而建立新的歷史記憶、集體記憶、共同價值，可能是突破建構「雙重認同」或「兩岸認同」的關鍵所在。[78]由此可知，大陸學者在探討台灣民眾的集體記憶分兩部分，一方面是要修復過去的歷史記憶，重新恢復中華文化的主體性；另一方面則是建立新的共同記憶，進而達成徐曉迪所說的「增量認同」，也是劉強所指出的要消減兩岸民眾差異性的社會記憶。[79]郭震遠認為這樣的過程肯定會有曲折、反覆，不過他也很有信心地表示，台灣民眾身分認定的「重新中國化」、兩岸「國家認同」的共同化必將實現，因為這是兩岸經濟合作、人員交流大發展的必然結果。[80]

　　大陸學者似乎對於經濟合作可以改變台灣民眾的「國家認同」，抱持甚為樂觀的態度。例如，徐曉迪在分析台灣民眾的認同新趨勢時，首先提到就是經濟層面的認同趨向，認為得益於海峽兩岸經濟合作框架協議的簽署與外溢效應的幅

---

[77] 廖中武，政治社會化：台灣民眾國家認同的建構路徑，72。
[78] 陳孔立，從「台灣人認同」到雙重認同，1-6。
[79] 劉強，社會記憶與台灣民眾的國族認同，63。
[80] 郭震遠，台灣的兩岸國家認同缺失及其對兩岸關係的影響，14。

射，為兩岸政治層面上的互動帶來契機，有助逐步改變島內民眾的政治傾向。[81]同樣地，廖中武在討論透過政治社會化路徑再建「國家認同」的過程中，繼續發展兩岸之間的經貿往來，形成兩岸利益共同體，亦被其視為是重要面向，認為只有兩岸之間形成生活一日圈和利益共同體，才能有助於兩岸民眾產生「命運共同體」的感受。[82]劉強也認為認同重構的首要工作，就是深化兩岸經貿合作，努力建構相互依賴的經濟共同體。[83]

對此，郭震遠更表示，未來十年，可以預料兩岸共同的經濟利益必將更廣泛、更深刻，從而成為兩岸命運共同體更重要的組成部分，為兩岸「命運共同體」的強化提供更堅持的基礎。[84]不過也有部分大陸學者對此提出警訊，林紅就指出兩岸經濟、文化、社會交流，可以作為連結認同的紐帶，更多的是一種邏輯推理；[85]徐曉迪也表示，對台灣而言，再多的「惠台政策」，也很難強化台灣部分民眾對於中國的認同；讓更多觀光客來台，如果沒有強化彼此的認同措施，只是會增加彼此「不同主體」的感覺。[86]

儘管如此，文化交流仍然被許多大陸學者，視為改變台灣民眾「國家認同」趨向的重要途徑。康菲與劉向紅就表示，文化交流是提升「國家認同感」的重要方式，認為只要

---

[81] 徐曉迪，「鏡像認知」到「增量認同」：台灣民眾國家認同趨向研究，87-88
[82] 廖中武，政治社會化：台灣民眾國家認同的建構路徑，73。
[83] 劉強，兩岸互動與國家認同——基於台灣民眾分析的視角，62。
[84] 郭震遠，兩岸國家認同的特色與影響，13。
[85] 林紅，和平發展形勢下台灣民眾的「中國意識」，30。
[86] 徐曉迪，試析論台灣部分民眾國家認同的發展趨勢，108。

兩岸「文化認同感」加強，「國家認同感」也會進一步提升，提升「文化認同」的重要方式就是加強兩岸的文化交流。[87]袁曙霞也指出，兩岸文化交流對台灣民眾的認同會產生如下的影響：加強對傳承中華文化的新認識，使台灣民眾在心靈和精神上有了歸屬感，節日習俗相同促進了兩岸文化交流的認同，促進了台灣民眾對和平統一的認同。[88]文化交流亦被廖中武視為再建「國家認同」的重要途徑，因為兩岸之間有著密切的血緣與文化關係，是兩岸之間最大的公約數與共同點，因而在文化領域有著廣闊的合作空間與發展前景。[89]

第六節　小結

自2008年國民黨重新執政以來，被大陸學者視為走和平發展的正確道路的兩岸關係，不但未如預期的平順，反而因為台灣民眾的「國家認同」，即僅認同自己是台灣人的比例屢創新高，引發不少大陸學者的關注。不過，本文發現大陸學者對於「國家認同」的內涵與範圍卻出現分歧的現象，分別有用「國家認同」、「政治認同」、「台灣人認同」、「文化認同」、「國族認同」、「身分認同」等等，當然也有單純只用認同的，甚至有同一位作者卻出現不同之認同用

---

[87] 康菲、劉向紅，大力加強兩岸文化交流提昇台灣同胞國家認同感，60。

[88] 袁曙霞，兩岸文化大交流對台灣同胞認同的影響研究，**貴州師範學院學報**，第27卷第10期，2011年10月，1-6

[89] 廖中武，政治社會化：台灣民眾國家認同的建構路徑，72-73。

法的現象。不同的內涵指涉固然有助於增加研究的豐富性，
卻也可能帶來理解上的失誤。

　　或許是因為受到國家認同內涵有高度歧異的影響，使
得大陸學者在認定台灣民眾的國家認同趨勢，使用了「錯
位」、「困境」、「異化」、「迷失」、「缺失」，甚或是
「悲情渲染」、「選擇性接受社會共同記憶」的概念，而忽
略認同本身就是想像共同體的呈現，難以用特定標準來評定
正常與否。不過，若是大陸學者堅持台灣民眾的「國家認
同」與大陸民眾有異，就認定是不正常現象，如此若要採取
相關措施來縮短兩岸民眾「國家認同」的差距，恐怕易出現
無法對症下藥的結果。

　　大部分的大陸學者認為台灣民眾的「國家認同」變化，
與前總統李登輝、陳水扁在執政時推行的本土化政策有關；
針對自2008年國民黨重新執政以來，台灣民眾的「國家認
同」沒有明顯改善，也認為馬英九執政消極干擾「一個中國
認同」政策，難辭其咎。民調反映年輕人的台灣人認同較
年長一輩的更高，說明政治人物的政策與教育確實發揮了一
定的作用。不過，也有大陸學者認為，台灣民眾的「國家認
同」，對於台灣當局和台灣各政黨領導人的政治態度和政治
行為，有關鍵的制約作用。

　　換言之，台灣執政者推動本土化政策，係受到台灣民眾
原本就具備之「國家認同」的影響，所以將所有責任都推給
執政者的合理性有待商榷。尤其是台灣實施的是民主政治制
度，執政者都是經過人民同意的統治，若是提出的訴求完全

不符合民眾的期待，將會面臨下台的命運，要繼續推動原本的政策亦不可能。更何況舉凡歷史或社會記憶、地理因素及經濟發展層面，都為台灣民眾發展出有別於大陸同胞的「國家認同」，提供了應有的催化作用，就更難將所有責任歸咎於執政者，應是政府與民間交互作用的結果。

　　為了改變台灣民眾的「國家認同」趨向，大陸學者提出恢復及建構社會或歷史記憶；深化兩岸經貿合作，努力建構相互依賴的經濟共同體；透過加強兩岸文化交流提升「文化認同感」，進而提升「國家認同感」等舉措。大陸學者關於改變台灣民眾「國家認同」趨向的相關舉措建議，似乎未反映在改變台灣民眾「國家認同」的民調上，否則只認同自己是台灣人的民調不會屢創新高，在反兩岸服務貿易協議的太陽花學運後，該等措施的作用就更有被重新檢視的必要性。這也印證了前述大陸學者所表示的：兩岸經濟、文化、社會交流，可以作為連結認同的紐帶，更多的是一種邏輯推理；再多的「惠台政策」，也很難強化台灣部分民眾對於中國的認同。治理舉措未能發揮應有的作用，箇中的原因，恐怕是研究台灣民眾國家認同的大陸學者需要進一步探究。

台灣的文化認同與政治認同：
大陸學者的觀點[1]

第一節　前言

　　儘管自2008年國民黨重新執政以來，兩岸關係按照大陸學者的說法，走上了和平發展的正確道路。[2]然而台灣民眾的政治認同，即認同自己是台灣人、中國人或兩者皆是的比例，不但未朝向兩岸融和的方向發展，僅認同自己是台灣人的比例反而屢創新高。根據政治大學選舉研究中心2013年6月公布的資料顯示，認為自己是台灣人的比例為57.5%，比2008年的48.4%高出將近10%。[3]

　　也正因為此種台灣政治認同的趨勢發展有點出乎大陸學者的研判，於是他們也提出不少縮短此種認同差距的辦法，其一是修復與建立共同記憶。例如，唐建兵在提升台灣「國

---

[1]　本章曾刊登在南華社會科學論叢，第四期，2018，229-254。

[2]　張文生，兩岸政治互信與台灣民眾的政治認同，**台灣研究集刊**，2010年第6期，1-8。

[3]　政治大學選舉研究中心，台灣民眾台灣人/中國人認同趨勢分佈，2013年6月，http://esc.nccu.edu.tw/course/news.php?Sn=166# 。

族認同」的三項有效途徑中，將「修復歷史記憶」列為首要
工作，認為中華文化主體性受到重大挑戰而弱化，是台灣民
眾「國族認同」趨弱的致命弱點，也恰恰是兩岸工作今後的
努力之需。[4]陳孔立則指出，兩岸人民友好合作方面將建立
美好的共同集體記憶，而建立新的歷史記憶、集體記憶、共
同價值，可能是突破建構「雙重認同」或「兩岸認同」的關
鍵所在。[5]

　　其二，是透過經濟合作改變台灣民眾的政治認同。例
如，徐曉迪在分析台灣民眾的認同新趨勢時，首先提到就是
經濟層面的認同趨向，認為得益於海峽兩岸經濟合作框架協
議的簽署與外溢效應的幅射，為兩岸政治層面上的互動帶來
契機，有助逐步改變島內民眾的政治傾向。[6]其三，文化交
流亦被許多大陸學者視為改變台灣民眾「國家認同」趨向的
重要途徑。例如康菲與劉向紅就表示，文化交流是提升「國
家認同感」的重要方式，認為只要兩岸「文化認同感」加

[4] 唐建兵，唐建兵，潛在危局：台灣民眾國族認同論析，**嘉興學院學報**，第24
卷第4期，2012年7月，139-144。類似觀點亦見於廖中武，政治社會化：台
灣民眾國家認同的建構路徑，**湖南師範大學社會科學學報**，2012年第4期，
69-74。

[5] 陳孔立，陳孔立，從「台灣人認同」到雙重認同，**台灣研究集刊**，2012年
第4期（總122），1-7。類似觀點亦見於劉強，社會記憶與台灣民眾的國族
認同，**中華文化**，2011年第2期（總70），60-80。

[6] 徐曉迪，「鏡像認知」到「增量認同」：台灣民眾國家認同趨向研究，**中央
社會主義學院學報**，2013年第4期（總182期），85-90。類似觀點亦見於廖
中武，政治社會化：台灣民眾國家認同的建構路徑，73；劉強，兩岸互動與
國家認同—基於台灣民眾分析的視角，**中央社會主義學院學報**，2009年第4
期（總160期），59-63；郭震遠，兩岸國家認同的特色與影響，**中國評論**，
第181期，2013年11月，9-13。

強，「國家認同感」也會進一步提升，提升「文化認同」的重要方是就是加強兩岸的文化交流。[7]

不過也有部分大陸學者對此提出警訊，林紅就指出兩岸經濟、文化、社會交流，可以作為連結認同的紐帶，更多的是一種邏輯推理。[8]徐曉迪也表示，對台灣而言，再多的「惠台政策」，也很難強化台灣部分民眾對於中國的認同；讓更多觀光客來台，如果沒有強化彼此的認同措施，只是會增加彼此「不同主體」的感覺。[9]反「兩岸服務貿易協議」的太陽花學運，似乎印證了大陸學者所言：兩岸經濟、文化、社會交流，可以作為連結認同的紐帶，更多的是一種邏輯推理；再多的「惠台政策」，也很難強化台灣部分民眾對於中國的認同。

究竟大陸學者有否提出更有效縮短兩岸政治認同差距的辦法？綜觀近期文獻，強化文化認同很明顯成為有效方案之一，其可行性究竟如何？則是本文探討的重點。為了達成上述目的，本文首先將針對大陸學者對於文化認同的內涵及其各個面向進行文獻回顧，著重討論為何在此時此刻，大陸學者會認為文化認同的重要性在增加當中。其次，則是分析

---

7 康菲、劉向紅，大力加強兩岸文化交流提昇台灣同胞國家認同感，**理論界**，2012年11期（總471期），59-62。類似觀點亦見於袁曙霞，兩岸文化大交流對台灣同胞認同的影響研究，**貴州師範學院學報**，第27卷第10期，2011年10月，1-6；廖中武，政治社會化：台灣民眾國家認同的建構路徑，72-73。

8 林紅，和平發展形勢下台灣民眾的「中國意識」，**中國評論**，第173期，2012年5月，26-30。

9 徐曉迪，試析論台灣部分民眾國家認同的發展趨勢，**福建省社會主義學院學報**，2013年第1期（總94期），107-111。

文化認同的利基與促進其發展的途徑。再次，則置焦點於文化認同在促進政治認同所面臨的問題、限制及轉化。最後，則是本文的結論，將綜合爬梳文化認同與政治認同之間的關係。

第二節　文獻回顧：文化認同現狀與重要性

一、文化認同與台灣的現狀

　　大陸學者王麗紅指出，文化認同是基於文化而來的概念，係指一種個體被群體文化所影響的感覺，成為個人或集體界定自我、區別他者，加強彼此的同一感以凝聚成擁有共同文化內涵群體的標誌。[10]王麗紅另外也表示，使用相同的文化符號、遵循共同的文化理念、秉承共有的思維模式和行為規範，是文化認同的依據。[11]若按照上述定義，兩岸同文同種，沒有理由在文化認同上存在重大差異，可是實際上卻彷彿不是如此。

　　此外，大陸學者也經常透過博物館[12]、電影[13]、文化交流[14]或者台灣文化與中華文化之間的關係[15]，來論述台灣民

---

[10] 王麗紅，認同的異化與重塑——對當前兩岸關係發展困境的跨文化思考，**中國媒體發展研究報告**，2013年，473-480。

[11] 同前註。

[12] 張羽，二十年來台灣民眾集體記憶與文化認同研究——以台灣的博物館為觀察場域，**台灣研究**，2009年第4期，13-17。

[13] 吳明，從在地尋根到嘗試回歸——三位導演處女作中的台灣文化認同新轉向，**當代電影**，2012年12期，151-153。

[14] 袁曙霞，兩岸文化大交流對台灣同胞認同的影響研究，**貴州師範學院學報**，第27卷第10期，2011年10月，1-6。

[15] 俞新天，當前兩岸文化認同的問題與前景，**中國評論**，2013年第1期，25-28。

眾的「文化認同」。例如吳明就表示，台灣「文化認同」不可迴避的三大組成為：本土文化、日本文化、大陸文化，並列舉三位電影導演的作品，係完成在地尋根的文化自信、釐清日本情結的文化自覺，以及回歸大陸母體的震顫。[16]不論三位導演是否真有其意，不過在吳明的觀點之中，尋根、釐清、回歸的三部曲，似乎是天經地義的事，只是作者也承認電影「轉山」的結局，是當代台灣文化向大陸母體回歸一次不太成功的試探。[17]

　　無獨有偶地，馬英萍在探討「台籍日本兵問題之史料挖掘與文化省思研究」時，也指出「對於當代的台灣人來說，文化上的認同無非三種可能，即與祖國大陸認同，或親日，或台獨」。[18]馬英萍也認為「看清歷史，有助於台灣在文化上脫殖民，有助於台灣在文化認同上回歸祖國大陸」。[19]

　　不過，看清歷史與回歸大陸不必然存在因果關係，否則也不會出現所謂的「回歸不太成功」的現象。更何況回歸不成功涉及兩個層面的問題，一是台灣的中華文化與大陸的中華文化已經出現重大差異，二是大陸根本不存在傳統的中華文化，以致於缺乏回歸的對象。若是電影可以呈現文化認同的面貌，台灣民眾的文化認同實際上是在朝向重塑而非回歸大陸的路途上發展。

---

[16] 吳明，從在地尋根到嘗試回歸——三位導演處女作中的台灣文化認同新轉向，151-153。

[17] 同前註。

[18] 馬英萍，台籍日本兵問題之史料挖掘與文化省思研究，**台灣研究**，2014年第4期，85-90。

[19] 同前註。

誠如孫慰川與賈斌武所言，2000-2004是一個頗為獨特的階段，這一時期的台灣電影通過對青春、自然與地方感的強調，在銀幕上初步建構了新的台灣形象；2005年後的台灣電影實際上延續此階段台灣電影所確立的主題，在銀幕上建構新的台灣形象。[20]前者為初步建立，後來顯然就脫離了初步，而是愈來愈傾向建構完成。而此種台灣新形象的建構完成，大陸因素並未參與其中，因此兩岸文化認同差異日鉅亦可理解。朱崇科在討論南洋作家潘雨桐的作品時引用劇中人物話語指出：離散會有結束的一天，一旦移民定居並變得土地化，第二或第三代會選擇結束離散的狀態……，因此，強調離散會有終結的一天便是堅持認為文化和政治實踐始終是以在地為主。[21]

不論是從大陸因素未在台灣重構文化認同中參與，或者是從離散終究會選擇結束的觀點來看台灣的文化認同，都可明顯看出台灣的中華文化與大陸的中華文化已經出現重大差異，前述所說的不太成功的回歸，顯然是受到兩岸在文化認同上存在重大差距的影響。若是大陸學者無法認清兩者的差異，勢將無法藉由促進文化認同來達成增進政治認同的目標。

二、文化認同何以重要

大陸學者俞新天表示，強調文化是因為「文化認同」是一切認同的基礎，也認為兩岸人民在「政治認同」與「國

---

[20] 孫慰川、賈斌武，身份認同危機與台灣形象重塑——論21世紀初期的台灣電影，當代電影，2014年6月期，106-109。

[21] 朱崇科，後殖民時代的身份焦慮與本土形構——台灣經驗與潘雨桐的南洋敘述，華人華僑歷史研究，2014年6月第2期，39-49。

亞太、東亞及兩岸整合的認同分析

112

家認同」上的分歧明顯，短期內難以消除，從培固「文化認同」入手，對於拉近兩岸人民心靈距離，共同支持兩岸關係和平發展至關重要。[22]從俞新天的觀點可看出，大陸學者對文化認同的重視程度，因為它是一切認同的基礎。換言之，文化認同是下層建築，下層建築不穩，政治認同等上層建築又如何能發展呢？

也正因為俞新天將「文化認同」視為是「政治認同」與「國家認同」的基礎，以致於忽略台灣文化內涵的特性，才會認為不該以台灣文化多元性來否定中華文化的主體性，甚至得出台灣「文化認同」具有傲慢與偏見的結論。[23]此外，唐建兵則從「文化認同」與「政治認同」的歧異，來說明若是兩者不能合一就造成「國族認同」的迷失。他認為狹義的「民族認同」等同於「族群認同」，是指民族成員對於構成本民族與眾不同遺產的價值觀、象徵物、記憶、神話和傳統模式等的認可與共識；廣義的「民族認同」即為「國族認同」，包括漢族在內的56個民族對數千年中華傳統文化、歷史記憶及國民身分等方面的認可與共識。[24]

很明顯地，唐建兵認為獨尊中華文化，是構成中國「國族認同」的重要部分，也正因為台灣已經不再獨尊中華文化，所以台灣民眾的「國族認同」才會出現所謂的「斯德哥爾摩困境」。[25]同樣地，劉強也認為，因為兩岸隔離，特別是

---

[22] 俞新天，當前兩岸文化認同的問題與前景，**中國評論**，2013年第1期，25-28。
[23] 俞新天，當前兩岸文化認同的問題與前景，26-27。
[24] 唐建兵，潛在危局：台灣民眾國族認同論析，140-141。
[25] 唐建兵，潛在危局：台灣民眾國族認同論析，141。

在日本殖民和國民政府統治時期，台灣走上了一條與大陸明顯不同的發展道路，從而使台灣民眾形成與大陸同胞迥然相異的社會記憶。[26]所以在劉強的觀點中，就認為台灣民眾的社會記憶，普遍形成了家國飄零和迷茫悵惘的心理，產生了深深的不安全感與焦慮感。[27]同樣的分析觀點也出現孫慰川、楊雯的研究結論中；他們認為由於「文化認同」與「政治認同」無法統一，以致於造成台灣民眾「國族認同」的迷失。[28]

很明顯大陸學者都是以大陸為主體來看得台灣文化或文化認同的發展，以致於認為台灣民眾出現「斯德哥爾摩困境」、「家國飄零和迷茫悵惘的心理」。實際上不同的社會記憶原本就沒有什麼正負向之分別，但是因為台灣民眾的社會記憶及其對「國族認同」的影響與大陸學者理解的認知有差距，就被認為是一種「迷失」。若是大陸學者無法從互為主體的角度出發，恐怕很難真正認清台灣文化及其認同的特點，即使突顯其重要性，恐亦難藉以達成增進政治認同的目標。

文化認同受重視的第二個原因，是因為想要藉由經貿關係增進政治認同的效果不彰。例如，吳偉興就認為「文化認同」是「國家認同」的起始與結果，是民族主義的核心；近年來兩岸經貿關係取得突破性進展，而文化領域的交流合作

---

[26] 劉強，社會記憶與台灣民眾的國族認同，**中華文化**，2011年第2期（總70），60-80。

[27] 劉強，社會記憶與台灣民眾的國族認同，61。

[28] 孫慰川、楊雯，論新世紀初期台灣電影的國族認同迷失，**當代電影**，2012年第10期，137-141。

卻相對滯後；從目前狀況看來，「以經濟促政治」的效果並不明顯，兩岸經貿關係突飛猛進的同時，台灣當局並未在政治上作出讓步，台灣民眾對大陸的認同也沒有明顯改善。[29]嚴志蘭也表示，經濟交流與「政治認同」不但不會自然銜接，持續滑落的台灣民眾「中國認同」趨勢與兩岸熱絡頻密的經貿往、民間交流形成明顯反差。[30]董紅也警告，在兩岸經濟交流把兩岸民眾緊密聯繫在一起的同時，不能盲目樂觀已有的成就而忽視兩岸經濟交流，為台灣社會帶來的負面影響，更要理性思考兩岸的和平發展戰略。[31]

既然經濟手段沒有辦法縮短彼此的「政治認同」差距，透過文化交流以強化文化認同，進而增進彼此的「政治認同」，就成為不得不然的替代手段。由上述學者的論述可知，當前文化認同已經成為拉近兩岸政治認同非常重要的面向，尤其是在經濟交流效果有限的時候，強化文化認同的重要性就更高。

第三節　文化認同的利基與促進途徑

不少大陸學者無視於兩岸在文化認同上已有差距，仍然認為台灣民眾與大陸民眾在不論在文化認同，以及文化內容

---

[29] 吳偉興，加強文化交流推進兩岸關係和平發展，**中央社會主義學院學報**，2014年4月第2期（總188），52-55。

[30] 嚴志蘭，台灣民眾認同問題的歷史與現實，**東南學術**，2014年第1期，197-209。

[31] 董紅，淺談兩岸經濟交流與台灣民眾國家認同的關係，**上海市社會主義學院學報**，2013年第6期，49-52。

及形式與價值，都存在高度一致性或趨同性，對於促進政治認同有利。例如周少來就指出，相同的語言和文字使兩岸人民的交流與互動更為親切與便利；傳統儒家的道德倫理在兩岸的互動交流中提高了基礎性的相同價值取向；在傳統文化的轉型取向上有著相同的現代化價值指標。[32]

此外，陳培永也表示，中華傳統文化的印跡根深柢固地存在於台港澳地區，早已成為維繫台港澳民眾和大陸情感的自然紐帶，讓兩岸民眾分享著共同的語言文字、風俗習慣、節日禮儀、宗教信仰、藝術形式、倫理規範、心理情結、思維方式、價值觀念等；即使那些別有用心者強調台港澳文化的獨特性，試圖將其從中國文化區分出去，也不得不正視這種共同的文化傳統；人為地割裂台港澳文化與中國文化，注定碰得頭破血流。[33]此種將文化視為鐵板一塊，完全不會受到外來文化影響的描述，還頗令人嘆為觀止。

此外，廖中武更認為，台灣居民多為大陸移民，歷史上大陸幾次大規模居民遷入台灣，造成了台灣文化與大陸文化的相通性，在語言文字、宗教信仰、風俗習慣等方面與大陸相同或相近。[34]廖中武並進一步指出，台灣文化從根本上仍然屬於中華文化，台灣文化在日據時期、在與大陸隔絕對立時期，仍然將中華文化的核心保存下來，某些方面甚至保存

32　周少來，台灣民眾的國家認同傾向與對兩岸政策的影響，江蘇師範大學學報，40卷2期，2014年3月，101-108。

33　陳培永，「一國兩制」與台港澳的中華民族向心力，重慶社會主義學院學報，2014年第4期（總75），39-44。

34　廖中武，海峽兩岸政治溝通和整合中文化的價值和效用，福建行政學院學報，2014年第1期（總70），59-63。

得比大陸還要完整和地道，也正是這種文化特性，經過多年不同的歷史發展進程，兩岸人民作能很容易地在相同或相似的文化語境裡找到共同點；一個國家和民族的文化在國家認同和民族認同中起著重要作用。[35]

這樣的論述看似言之成理，但是卻沒能回答的問題是英國與美國，甚至與澳洲紐西蘭都有相同的文化相通性，為何未在「國家認同」或「政治認同」上產生趨同的作用？既然台灣在保存中華文化方面做得比大陸還好，不就代表兩岸在文化相通性上其實存在重大差距嗎？這應該是大陸學者在探討台灣具有中華文化認同利基的同時不得不去思考的問題。

當然台灣競爭力論壇2013年3月採取融合式民調，得出認同自己是中國人的比例占61%，認同自己是中華民族的比例高達90.4%。[36]這樣的調查無非讓大陸學者對兩岸認同的拉近增加不少信心。例如，周少來就對此表示，同種同源的中華民族認同，奠定了兩岸和平發展最深厚的基礎，也是兩岸共同認同「一個中國」最深厚的基礎。[37]也正因為台灣人的中華民族認同似乎與中國大陸的認同相近，也有促進文化認同、進而強化政治認同的作用，有關強調中華民族認同的文章就紛紛出爐。

杜力夫與游志強就用〈兩岸憲法共識之一：對中華民族認同的共識〉，來說明中華民族是幾千年來生活在中國領域

---

[35] 周少來，台灣民眾的國家認同傾向及對兩岸政策的影響，101-108

[36] 周少來，台灣民眾的國家認同傾向及對兩岸政策的影響，102。

[37] 廖中武，海峽兩岸政治溝通和整合中文化的價值和效用，59-63。

內各民族人民的總稱，兩岸現行「憲法」都對此予以首肯，形成了對兩岸同屬中華民族的憲法共識。[38]他們並認為兩岸執政當局在兩岸人民同屬中華民族的問題上的看法完全一致，對「中華民族認同」有著充分的共識。[39]

當然亦有將中華姓氏文化與政治認同或國族認同作聯結的研究。就如同戚嘉林所指出的，族譜聯結祖先、蘊育國族認同；中華姓氏、聯結祖國；日本於1945年8月15日投降，台灣回歸祖國懷抱，台灣人立刻恢歸祖先的中國姓氏；中國人的姓氏文化，不但是慎終追遠的美德，也是形塑凝聚兩岸國族認同重要的組成部分。[40]

同樣與二戰有關的是，楊勝雲透過乙未年清廷割台的歷史，來說明該事件是中華民族近代史的苦難篇章，並表示面對新的歷史形勢，兩岸中國人應本著「兩岸一家親」的理念，在相互瞭解理解、交流合作中增進認同和情感，捐棄歷史恩怨，化解歷史心結，共同推進兩岸關係和平發展，共同致力於中華民族的偉大復興。[41]

即使上述說法均為真，但是要從「中華民族認同」過渡到「政治認同」，恐怕還有鴻溝要跨越，更何況中華民族認同在台灣的現況是否如其所述，尚有討論空間，否則難以說

---

[38] 杜力夫、游志強，兩岸憲法共識之一：對中華民族認同的共識，**中國評論**，2015年2月第206期，47-49。

[39] 同前註。

[40] 戚嘉林，野火燒不盡、春風吹又生——中華姓氏的祖先依戀與祖國認同，**福建省社會主義學院學報**，2014年第4期（總103期），66-68。

[41] 楊勝雲，乙未割台的殤思及對兩岸的啟示，**中國評論**，2015年4月第208期，49-52。

明為何政治對話難以推展。更何況前述台灣競爭力論壇的中華民族認同的調查，與台灣民眾的認知相去甚遠，也與政治大學選舉研究中心長久從事的認同調查有異，難以作為台灣民眾認同現狀的證據。

除了強調兩岸文化具有共通性，以及人民同屬中華民族，說明兩岸在文化認同及民族認同具備高度一致性外，大陸學者也提出不少強化文化認同的措施建議。其一是透過文化與教育交流手段擴大重塑認同的基礎。王麗紅就建議，需從台灣政治文化與教育改革領域的撥亂反正入手，打牢重塑認同的根基；從普通人的經歷中尋找歷史的大記憶，切實抓住重塑的主體；從兩岸共同的歷史關切中發掘切入點，找準重塑認同的歷史驅動力；逐步將兩岸關係改善引入雙方教育體系，在交流中擴大重塑認同的現實基礎；以打造引領世界發展的新型中華文化為契機，為兩岸重塑認同增添新助力。[42]不過，兩岸不論是面對日本二戰責任、兩蔣的歷史定位以及教育制度，都存在重大差異情況上，要藉由這些面向來增進文化認同，能發揮多大效果仍待進一步檢視。

其二則是將台灣文學納入中國文學的框架之中。張祖群就指出，要反思兩岸僵硬的政治打壓和反彈模式，在「中國文化」的旗幟下，重新辨析、重新認識台灣鄉土文學，認識到它原本就是中國文學框架之下的一個有機組成部分。[43]不

---

[42] 王麗紅，認同的異化與重塑——對當前兩岸關係發展困境的跨文化思考，477-480。

[43] 張祖群，文學何以療傷——簡論台灣海峽的政治傷痕，**青島科技大學學報**，2014年6月，103-120。

僅如此，張祖群也進一步說明，文學的內在意義在於重建基於文化認同的價值觀，乃至於合在一種文化地理格局之下；文學持有者與書寫者應該發揮其「軟性」文化功能，以有效促進文化認同，同時實現個人、民族、國家認同的和諧共存。[44]

其三，則是建構兩岸命運與生活共同體。嚴志蘭就表示，構建兩岸命運與生活共同體，充實兩岸共同認同的社會基礎，是增進文化認同的重要手段；因為兩岸交流貫穿到文化和私人領域，由此形成弱政治性的新型社會認同，具有影響台灣民眾認同意識、建構兩岸共同認同的著力點。[45]劉國深則更進一步指出，從血緣、文化、經濟、社會以及政治等不同角度發現海峽兩岸有著「剪不斷、理還亂」的命運共同體關係，兩岸分離的經歷並沒有從根本上摧毀這些關係，說明兩岸命運共同體有著深厚的基礎。[46]

若是政治打壓和反彈模式確能改善，應對強化台灣對中華文化的「文化認同」有幫助，然而若再度發生類似在東京影展的文化打壓行為，[47]「軟性」文化功能要發揮，恐亦有其難以實現之處。其次，若台灣的文化認同對建構兩岸命運與生活共同體存在如此多的利基，馬上要面臨的問題就是，為何文化認同未能反映在強化台灣民眾對中國大陸政治認同

---

[44] 同前註。

[45] 嚴志蘭，台灣民眾認同問題的歷史與現實，208。

[46] 劉國深，試論深化兩岸政治互信的社會基礎，**中國評論**，2014年11月第203期，頁38-42。

[47] 鄒念祖、張蕫宸，東京影展 中國打壓／電影人憤慨：太超過，**自由時報**，2010/10/25，https://news.ltn.com.tw/news/politics/paper/438135。

上？尤其是當2016年台灣民眾選出有「台獨黨綱」的民進黨籍，且認為台灣年輕具有「天然獨」特性的總統，[48]，無異說明台灣民眾的政治認同離大陸愈來愈遠。出現此種現象的可能原因有二，一是台灣文化認同的本身就與大陸學者認知的有所差異，二是台灣文化認同轉化有利縮短兩岸政治距離之政治認同的時間尚未來到。

第四節　促進文化認同的限制與轉化

一、促進文化認同的限制

　　儘管有不少大陸學者認為兩岸都認同中華民族，認同中華文化，認同中國傳統文化，這就是文化認同；中華文化是是兩岸人民認同的基礎，中華民族認同是台灣大多數人的共識，也是兩岸聯結節紐帶，但是陳孔立卻提出另外一種看法，認為文化認同還應包括後天建構的制度認同、心態認同，特別是價值觀、思維模式、社會心理、意識形態等方面的內容，說明「原生論」與「建構論」的文化認同還是存在區別。[49]

　　基此，陳孔立首先舉了美國、歐洲、澳洲及新加坡為例，說明不是有了特定的文化認同，就會有相對應的政治認同或國家認同；「文化認同是政治認同的前提與基礎」這個

---

[48]　李欣芳，小英：台獨是年輕世代天然成分，**自由時報電子報**2014/07/20，http://news.ltn.com.tw/news/focus/paper/797533

[49]　陳孔立，兩岸文化研究的盲點，**台灣研究**，2014年第4期，1-4。

第五章　台灣的文化認同與政治認同：大陸學者的觀點

121

論點經不起歷史與現實的檢驗，在很多場合不適用，不要把它當成放諸四海皆準的普遍真理。[50]其次，對於認同中華傳統文化能否達成政治認同與國家認同，陳孔立也是抱著懷疑的態度。姑且不論兩岸對於中華傳統文化的看法很不一致，陳孔立更指出，台灣與大陸年輕一代已經不談傳統文化了，怎能期待透過傳統文化的認同來達成政治認同呢？[51]最後，陳孔立表示，兩岸文化認同不是要大陸認同台灣的文化，也不是要台灣認同大陸的文化，而是要走相互整合的道路，需要以理解和包容的態度對待對方，才能共同建構新的文化認同。[52]

　　由於兩岸相互隔絕已超過一百多年，彼此在文化認同上的互動更多的是像張祖群所講的「僵硬的政治打壓和反彈模式」，要做到「理解和包容的態度對待對方」非一蹴可幾。郭震遠對此也有清楚的描述，他認為儘管兩岸文化同根、同源、同屬一個民族，但由於長時間隔絕，實際上兩岸文化已經存在一些差異，語言、文字、歷史觀、社會心態等等，都已有或多或少的差異，這些差異是客觀存在的，不能視而不見。[53]換言之，若是對於此種文化差異視而不見，就很難找對方法來強化認同，這應是過去中國大陸希望透過強化文化認同以增進政治認同措施未能奏效的原因。

50　同前註。

51　同前註。

52　同前註。

53　郭震遠，面對重要歷史節點，深化兩岸文化交流，**中國評論**，2016第208期，64-68。

不僅如此，既然文化認同不是政治認同的前提與基礎，建立新的文化認同後呢？真的能在促進政治認同上發揮應有的作用嗎？關於中華文化作用小，尤其是在年輕人身上影響小，也可以證諸蘇頌興等的研究。他們舉調查資料說明，台灣年輕人「被中華文化、大陸山河所感動」的只有16.1%，遠遠不及於「被大陸經社發展觀察所震懾」的50.0%，也不如「與接待人員／學員互動的感受」的32.1%。[54]有此調查反應的主要原因，是因為台灣青年普遍認為不僅中華文化在台灣保留得最好，而且對於台灣的文化、時尚、創意產業所取得的成就頗有自豪感。[55]這無異說明，要中華文化作為文化認同的核心，有頗大的困難，尤其在年輕人這一代身上更不容易。

　　關於台灣年輕人的對中華文化的認同，台灣學者謝大寧亦有相互呼應的研究。他指出在18歲到30歲之間的人口，大約有三分之二已經不認為自己是中華民族的一份子，也不再認為自己隸屬於中華文化圈。[56]面對如此的年輕世代，試問要如何以中華文化來建立文化認同的紐帶呢？這也就難怪謝大寧會語重心長地表示，台灣現在所存認同斷裂的現象，才真正是兩岸所謂深水區的核心，如果不解決這個問題，兩岸想從現狀再往前走，都將舉步維艱。[57]

　　大陸學者儘管也注意到文化認同的侷限性，但是對於文

[54] 蘇頌興等，台灣青年「一中」認同與兩岸發展，**青年探索**，2014年第3期（總188期），頁24-31。

[55] 同前註。

[56] 謝大寧，從反服貿學運看兩岸文化協議，**中國評論**，2014年6月第198期，8-14。

[57] 同前註。

化認同斷裂及其所導致的民族認同斷裂問題，似乎尚未有所警覺。這也就是為何郭震遠即使認識到兩岸文化差異不可視而不見，卻仍然認為透過擴大兩岸文化交流可以消除此種斷裂式的認同差異之根本原因。[58]也正因為對於此種文化認同斷裂認識的有限，周天柱才會在去年反服貿學運發生後，得出「學運重創民進黨在沉默多數中的形象，面對年底『七合一』選舉及2016『總統』選舉，藍營意外獲得一個大利好」的結論。[59]結果藍營不但沒有獲得一個大利好，反而在2014年底的「七合一」（另稱「九合一」）選舉大敗，甚至影響了2016總統選舉的佈局，這或許是因為對台灣年輕一代文化認同斷裂的不理解，所以才會得出此種錯誤的判斷。

二、促進文化認同的轉化

　　大陸學者王英津表示，自大陸國家席習近平2012年接任中共總書記以來，先後提出「兩岸一家親」、「兩岸命運共同體」、「兩岸心靈契合」和「兩岸融合發展」等等，此等論述被視是為希望能達到「兩岸融合發展」的目標。[60]他進一步闡釋，兩岸融合發展就是培養、澆築和鞏固「兩岸一家親」、「兩岸同屬一個中國」理念的重要途徑。[61]

58　郭震遠，面對重要歷史節點，深化兩岸文化交流，68。
59　周天柱，關於「反服貿」學運的若干思考，**中國評論**，2014年5月第197期，21-23。
60　王英津，融合發展：大陸推進和平統一新思路，**中國評論**，2017年第232期，5-12。
61　王英津，融合發展：大陸推進和平統一新思路，**中國評論**，2017年第232期，5。

如前所述若是大陸方面對兩岸存在斷裂式文化認同差異不瞭解，再多的交流也是枉然，否則難以解釋為何如此多的兩岸文化交流，改變台灣民眾的文化認同與政治認同的效益十分有限。因此，若要縮短兩岸此種文化與政治認同的差距，勢必要另起爐灶。倡議融合發展或許是有限途徑之一。王英津特別將融合發展與交流發展的差異進行比較分析如表5-1。

表5-1：兩岸交流發展與融合發展

內容 比較	交流發展	融合發展
利益關係	增進各自利益；台灣是台灣，大陸是大陸	更多是增進共同利益，台灣的之中有大陸，大陸的之中也有台灣。但目前是台灣還是台灣，大陸的之中有台灣。
政黨輪替影響	受政黨輪替影響明顯	不明顯受政黨輪替影響
推動力量	兩岸官方共同推動	目前大陸單方面推動
參與主體	不僅限個人、企業等民間層面，而且還包括機構、被授權組織等公權力層面	主要是個人、社團和企業等民間層面
實現平台	大陸地區與台灣地區	大陸地區和大陸所搭建的區域性國際平台

資料來源：（王英津，融合發展：大陸推進和平統一新思路，9）

從交流發展與融合發展的差異比較，很明顯可以看出融合發展係由大陸單方面推動，不論有無台灣方面的配合。有此構想與措施應是大陸方面認為台灣官方是過去深化兩岸文化認同與政治認同的阻力，因此融合發展的倡議，將越過台灣官方的角色，直接面對台灣的民眾。

為了落實融合發展的效益，王英津建議要為台灣民眾提供「居民待遇」（即國民待遇），認為此舉不僅可方便台灣民眾在大陸投資、工作、就業、居住及旅行，更重要是有助於提高台灣民眾的中國認同和國民意識，從而確立鞏固「兩岸一家親」的理念。[62]剛落幕的中共「十九大」引發台灣輿論重大關注的焦點之一，莫過於在台灣高雄旗山土生土長的復旦大學外文系教授盧麗安獲選為黨代表。[63]

　　盧麗安表示，當初會加入共產黨，是因為觀察這個黨是一個信念堅定、心繫人民、與時俱進的政黨，執政成績非常好，因此決定申請入黨，也以自己經歷鼓勵台灣青年，要擺脫對大陸的成見，以誠相待。[64]盧麗安不僅自己認同中國共產黨，還鼓勵台灣年輕人要有同樣的認同，也意外引發一些在大陸就學的博士生跳出來要投共。[65]這雖然不能說是融合發展的措施見效，但無疑是對融合發展策略打了一劑強心針。

　　另外值得注意的一個趨勢，根據政治大學選舉研究中心關於台灣民眾的台灣人／中國人認同趨勢分佈資料顯示（參見圖1），台灣民眾的台灣人認同自2014年達到高峰後，最近三年都經呈現下降的趨勢，可說是與大陸近期推動融合發

62　王英津，融合發展：大陸推進和平統一新思路，9。

63　李靖棠，高雄出身，盧麗安獲選陸十九大黨代表，2017/10/04，**中時電子報** http://www.chinatimes.com/realtimenews/20171004001967-260409

64　胡明明，台籍代表盧麗安：入黨因信服黨堅定信念和執政成績，2017/10/20，**大公網**，http://news.takungpao.com/mainland/focus/2017-10/3505384.html

65　鄭仲嵐，台籍盧麗安的「中國夢」樣板意外掀起的「投共潮」，2017/11/02，**BBC中文網**，http://www.bbc.com/zhongwen/trad/chinese-news-41840894。

展策略呈現正相關的關係。兩者之間是否為因果關係，尚需進一步檢證，不過對近期大陸推動融合發展策略應是正向的影響。

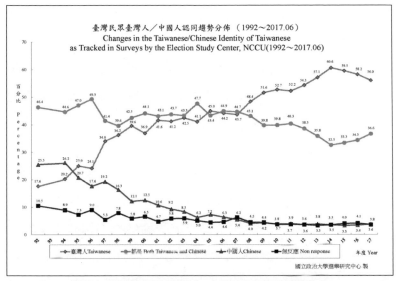

圖5-1：台灣民眾台灣人／中國人認同趨勢分佈

資料來源：政大選研中心http://esc.nccu.edu.tw/app/news.php?Sn=166#

第五節　小結

　　為了改變台灣民眾的「國家認同」趨向，大陸學者提出恢復及建構社會或歷史記憶；深化兩岸經貿合作，努力建構相互依賴的經濟共同體；透過加強兩岸文化交流提升「文化認同感」，進而提升「國家認同感」等舉措。此等舉措的功能，似乎未在改變台灣民眾「政治認同」的傾向上產生

效果。兩岸經濟、文化、社會交流，可以作為連結認同的紐帶，更多的是一種邏輯推理，而非可實踐的措施。

　　既然更多的經貿交流與惠台措施，對於改變台灣民眾的「政治認同」沒有助益，強化「文化認同」或「民族認同」，進而使其過渡到「政治認同」就成為大陸學者在經貿措施未能奏效後的最佳替代方案。著重「文化認同」是因為其為一切認同的基礎，兩岸人民在「政治認同」與「國家認同」上的分歧明顯，短期內難以消除，從培固「文化認同」入手，進而為增進政治認同提供助力，或可成為可行途徑之一。

　　不過，亦有大陸學者舉國外例證，說明不是有了特定的文化認同，就會有相對應的政治認同或國家認同；「文化認同是政治認同的前提與基礎」這個論點經不起歷史與現實的檢驗。更何況台灣與大陸年輕一代已經不談傳統文化了，怎能期待透過傳統文化的認同來達成政治認同呢？根據調查資料顯示台灣年輕人「被中華文化、大陸山河所感動」極為有限，遠遠不及於「被大陸經社發展觀察所震懾」，也不如「與接待人員／學員互動的感受」。有此反應的主要原因，是因為台灣青年普遍認為不僅中華文化在台灣保留得最好，而且對於台灣的文化、時尚、創意產業所取得的成就頗有自豪感。這無異說明，要將中華文化作為台灣文化認同的核心，有頗大的困難。大陸方面若要透過文化認同來強化台灣民眾對大陸的政治認同，必須正視及彌平此種文化認同斷裂的現象。

或許是因為有感於交流發展在增進兩岸文化認同與政治認同的效用不彰，大陸自習近平主政後主導融合發展。交流發展與融合發展兩者的最大差異在於越過台灣的官方角色，由大陸官方直接來面對台灣民眾，透過國民待遇等措施提高台灣民眾的中國認同和國民意識。台灣高雄旗山土生土長的復旦大學外文系教授盧麗安獲選為中共黨代表，以及意外引發的台灣青年學子投共潮，加上台灣民眾台灣人認同在最近三年呈現下降趨勢，雖不能說是完全受到大陸推動融合發展的影響，但是兩者呈現正相關關係，值得未來進一步檢證。

第六章
結論

　　因近來研究經濟整合的學者發現，相同的理念（like-minded）或者認同（identity）在經濟整合過程中的重要性愈來愈高。本書也發現結合認同及其背後預設的康德式／朋友的無政府狀態，來解釋亞太經濟整合過程更有說服力。以東協共同體的創建為例，東協國家在建構共同體的過程中，採取「在多樣性中維持整體性」看似有許多困難，然而當世界上大部分國家都以敵人或競爭者的角度來看待寮國、緬甸與柬埔寨時，東協成員國卻以朋友的角度接納他們成為東協會員國。這可解釋為何東協共同體要以「同一個願景、同一個認同、同一個關愛和分享的共同體」，作為《憲章》的主題。連過去不重視或甚至避談的人權議題，都能因此捐棄成見成立委員會，說明認同在整合中的重要性。

　　2019年在亞太地區的經濟整合有許多新的發展趨勢，橫跨太平洋兩岸12國的跨太平洋經濟夥伴關係（TPP），在美國退出後改為CPTPP在此年開始施行。東協自貿區升級版及區域全面經濟夥伴關係（RCEP），雖在完成談判延宕多年後，亦已於2019年底完成談判，將於2020年2月完成協議簽署。雖然最後印度基於國際經貿情勢改變，最後退出

RCEP，不過其餘15國並未關閉讓印度再重新加入的大門。台灣非上述經濟整合組織的會員國，再加上對外雙邊自由貿易談判遲遲沒有新的進展，可以想見周邊環境對台灣未來的對外貿易發展愈來愈不友善，在亞太地區的經濟整合機制，勢必會對台灣未來的對外貿易產生重大衝擊。

　　RCEP目前看來還有諸如：協商所需要的雙邊友好關係備受各式東亞領土爭議的考驗、會員體中有大的開發中國家及窮國致使協議無法達成高標準、全面自由化目標等問題待解；不少東協國家在經濟整合上願意與大陸接近，但是卻認同美國所主導的世界秩序，更難從權力或制度的角度來理解。尤其是中國大陸與日本的關係，若不能在許多議題上化敵為友，RCEP若要加速談判進度，仍然會有其難度。因此，勢必要在過去協議所依據的「亞洲途徑」（Asian way）中，找到新的解決問題辦法。由此可知，認同及康德式／朋友式無政府狀態途徑，才可對RCEP協商談判進度提出有力的說明。

　　此外，印度在退出RCEP協議簽署時，其商工部長Piyush Goyal除了讚許該國總理莫迪作了大膽及有勇氣的決定，還特別強調此舉將推升印度製造（Make in India）。[1] Piyush Goyal刻意強調印度製造，不正說明印度加入RCEP立場的改變，認同其實扮演了相當重要的角色。若不是從認同的角度

---

[1] ET Bureau, "India decides to opt out of RCEP, says key concerns not addressed", *The Economic Times*, Nov,5 2019, https://economictimes.indiatimes.com/news/economy/foreign-trade/india-decides-to-opt-out-of-rcep-says-key-concerns-not-addressed/articleshow/71896848.cms?from=mdr

解釋，則很難說明為何協商了七、八年的時間，才突然驚覺印度關切的議題都未被關照到。

　　類似的情況也發生在TPP的整合過程中，首先美國必須聲明「美國的未來與亞太區域的未來連在一起，區域的未來也必須依賴美國」，藉此說明美國認同其與貿易夥伴的未來發展的命運連在一起。澳洲加入TPP的經濟獲益甚少，在美國川普總統決定退出TPP後，竟然提議要邀請中國大陸加入以取代美國的角色。此舉很難以權力或制度的角度來解釋，用認同的角度反而是順理成章。同樣地在紐西蘭TPP的抗議聲中，百姓將之與更改國旗同樣都視為認同議題。若這只是單純的經濟制度協議或者是從權力的角度去理解，恐難克竟其功，只有從認同與朋友式無政府狀態的途徑去分析，才能合理解釋整合進展。此外，TPP成員國邀越南加入，就是不希望給外界有「富國俱樂部」的形象，亦難從非認同與朋友式無政府狀態以外的途徑去理解。

　　受到2019新冠肺炎（COVID-19）的影響，日本特別極力邀請泰國加入其主導之CPTPP，理由是要分散許多工業零組件過度依賴中國大陸製造的風險，泰國是重要替代工廠之一。[2] 經濟互賴本是在經濟整合過程中的正常現象，這也是新自由制度主義關切的重心。日本在新冠肺炎疫情對經濟互賴狀況究竟有多大影響都尚未明朗前，就急於規劃分散製造

---

[2]　Rintaro Tobita, "Japan scouts more Asian players for TPP to cut China dependence: Thailand targeted as next member, with talks to start in August", *Nikkei*, March 11, 2020, https://asia.nikkei.com/Politics/International-relations/Japan-scouts-more-Asian-players-for-TPP-to-cut-China-dependence

風險的舉措，顯然難以用新自由制度主義來解釋。將經濟安全予以「安全化」的認同角度，才可合理判斷為何日本會在此時有此作為。

　　反觀被邀請加入CPTPP的泰國，其商業部認為若加入不僅可推升經濟成長0.12%、投資上升5.14%，以及出口上升3.47%，更可抵銷新冠肺炎疫情對該國經濟產生的負面衝擊；若不加入則會導致經濟成長減少0.25%、投資下滑0.49%，以及出口下降0.19%。[3]不過上述亮麗的數據無法改變反對團體的認定：他們認為加入將對農業及健康照顧產業造成傷害，這迫使商務部必須暫緩提出加入的申請。[4]反對團體不贊成加入CPTPP，同樣可以用將經濟安全予以「安全化」的認同角度來解釋。比泰國經濟發展程度低的越南都可加入，實在難以經濟的角度來解釋為何泰國暫不願加入。

　　面對亞太經濟整合日益緊密的情況，台灣能否加入成為會員國，亦可以認同或朋友式無政府狀態來解釋。就目前而言，台灣既不認同區域經濟整合體制，也不認同兩岸經濟整合會促進經濟發展及所得分配公平，以致於未能加入這股區域加速經濟整合的潮流。因此，未來台灣若要加入區域經濟整合進程，恐怕得先解決認同的問題，也就是設法將敵人

---

[3]　Reuters, "Thailand Sees GDP, Investment Boost if Joins CPTPP Trade Pact", *Reuters*, April 27, 2020, https://www.nytimes.com/reuters/2020/04/27/world/asia/27reuters-cptpp-thailand.html

[4]　Reuters, "Thailand shelves Asia-Pacific trade pact membership decision amid growing opposition", *Reuters*, April 28, 2020, https://www.reuters.com/article/us-cptpp-thailand-idUSKCN22A0O0?taid=5ea7d937e1538500019384b9&utm_campaign=trueAnthem%3A+Trending+Content&utm_medium=trueAnthem&utm_source=twitter

與競爭者的無政府狀態，轉化為康德式／朋友式的無政府狀態。泰國暫不打算申請加入CPTPP，正是台灣未來申請加入的一面鏡子。

至於在東亞整合方面，由於認同在區域整合中的重要性愈來愈高，以致東亞各國紛紛採取措施來強化區域認同的建立，希望能夠透過區域認同的建構，加速區域整合的速度，藉以降低未來再發生類似亞洲金融危機的衝擊。以東亞為主的亞洲認同建立有以下的有利條件：第一，「亞洲途徑」更多地依賴思想與心境契合，共識的建構，同儕壓力，以及單邊友善與適當的行為，故採取的是包含性而不是排除性的非正式網絡。第二，在亞洲通常有一種傾向，就是認為亞洲價值或者是儒家主義是決定東亞文化與西方文化區隔的獨特性，可以讓亞洲的區域認同與其他地區的認同有明顯的區隔。第三，亞洲金融危機及其他區域整合的發展，也促使亞洲國家，至少是東亞國家認為應該建立屬於亞洲本身的認同。

亞洲區域認同的建立，基本上可透過發展出有別於其他區域的區域文化特色，透過集體記憶的建立與國民教育中歷史教育課程的實施，以及藉由區域意識的建構四種方式。然而因東南亞國家都有被殖民的集體記憶與歷史經驗，日本卻是殖民的集體記憶與歷史經驗，使得要透過集體記憶的建立與國民教育中歷史教育課程的實施來建構區域認同有其難度，因此發展區域文化與強化區域意識，成為建構區域認同的較為可行的途徑。當然這不意味著發展區域文化方面沒有難度。

除了東北亞的台灣、中國大陸、日本、韓國及東南亞的新加坡、越南，受到較多儒家文化影響之外，其他國家例如印尼、馬來西亞、泰國、菲律賓、汶萊等國，很難與儒家文化產生連結。尤其是印尼與馬來西亞因為信奉回教的關係，其文化恐怕更貼近中東國家的回教文化。此外，各國也會擔心以儒家文化為文化主軸，會否最後演變為「中國化」，而不是「亞洲化」。因此，若要透過發展文化來強化亞洲認同，恐怕必須發展出一套新的亞洲文化，強化區域意識則較無此方面的問題，也是未來可以大力著墨之處。

　　亞洲概略區分為東亞、中亞、西亞及南亞，每個次區域內都有不同的文化，過去也缺乏機制來強化區域意識的建立，因此在短時間內要透過發展共同文化及強化區域意識來達成建構亞洲認同的目標，有其實質上的困難。所幸東亞本身也存在不少文化差異，或許在建構「東亞共同體」的過程中，可以提供各個次區域未來要建構整體亞洲認同的借鑑作用。自2000年起不論是中國大陸、日本及南韓的官員，都對於建立具有強化區域意識之「東亞共同體」概念表示認同，加上「東協加三」機制的配合，使得「東亞共同體」願景實現的可能性愈來愈高。此外，隨著東南亞文化週的推動，以及東亞大城市已發展出共同的消費者文化、東亞國家的人民開始擁抱共同的政治規範，東亞國家的中產階級的成長，且具備1980、1990年代經歷政治自由化的共同經驗，以及亞洲媒體的發展，都足以刺激亞洲國家不論在政治議題和公民社會議題上有更多合作。當然建構東亞區域認同也不是沒有

任何挑戰。首先，缺乏制度化與法律強制協議的「東協途徑」，能否有利於建構區域認同仍存在不少疑問。其次，區域內仍有許多邊界與領土主權爭端的問題待解決，也會增加建構認同的難度。再次，東亞國家仍會擔心大陸會吸引所有外資，經由購買窮國的石油與木材等天然資源，再回銷高價值產品至該等國家，對其形成不平衡的貿易關係；日本與中國大陸在東南亞地區政治與經濟影響力的競爭關係，以及彼此之間缺乏互信，也讓落實建構「東亞共同體」沒有樂觀的理由。最後，美國的反對態度亦不能忽視，畢竟美國曾表態不樂見東亞整合機制的建立，東南亞國家需要美國在區域穩定上的協助，難以不在乎美國的態度。

就兩岸整合而言，綿密的經貿交流與惠台措施，對於改變台灣民眾的「政治（國家）認同」沒有助益，認同自己是台灣人的比例屢創新高，引發不少大陸學者的關注。不過，本書發現大陸學者對於「國家認同」的內涵與範圍卻出現分歧的現象。或許是因為受到國家認同內涵有高度歧異的影響，使得大陸學者在認定台灣民眾的國家認同趨勢時，使用了「錯位」、「困境」、「異化」、「迷失」、「缺失」，甚或是「悲情渲染」、「選擇性接受社會共同記憶」的概念，而忽略認同本身就是想像共同體的呈現。不過，若大陸學者堅持台灣民眾的「國家認同」與大陸民眾有異是不正常現象，那麼在採取相關措施來縮短兩岸民眾「國家認同」的差距時，恐易出現無法對症下藥的結果。

大部分的大陸學者認為台灣民眾「國家認同」的變化，

與前總統李登輝、陳水扁在執政時推行的本土化政策有關。自2008年國民黨重新執政以來，台灣民眾的「國家認同」沒有明顯改善，大陸學者則評斷馬英九執政消極干擾「一個中國認同」政策，難辭其咎；並據此推論年輕人的台灣人認同較年長一輩的更高，說明政治人物的政策與教育確實發揮了一定的作用。不過，也有大陸學者認為，台灣民眾的「國家認同」，對於台灣當局和台灣各政黨領導人的政治態度和政治行為，有關鍵的制約作用。

　　換言之，台灣執政者推動本土化政策，係受到台灣民眾原本就具備之「國家認同」的影響，所以將所有責任都推給執政者的合理性有待商榷。尤其是台灣實施的是民主政治制度，執政者都是經過人民同意的統治，若是提出的訴求完全不符合民眾的期待，將會面臨下台的命運，要繼續推動原本的政策亦不可能。更何況舉凡歷史或社會記憶、地理因素及經濟發展層面，都為台灣民眾發展出有別於大陸同胞的「國家認同」，提供了應有的催化作用，就更難將所有責任歸咎於執政者，應是政府與民間交互作用的結果。

　　為了改變台灣民眾的「國家認同」趨向，大陸學者提出恢復及建構社會或歷史記憶；深化兩岸經貿合作，努力建構相互依賴的經濟共同體；透過加強兩岸文化交流提升「文化認同感」，進而提升「國家認同感」等舉措。大陸學者關於改變台灣民眾「國家認同」趨向的相關舉措建議，似乎未反映在改變台灣民眾「國家認同」的民調上，否則只認同自己是台灣人的民調不會屢創新高，在反兩岸服務貿易協議的太

陽花學運後，該等措施的作用就更有被重新檢視的必要性。這也印證了前述大陸學者所表示的：兩岸經濟、文化、社會交流，可以作為連結認同的紐帶，更多的是一種邏輯推理；再多的「惠台政策」，也很難強化台灣部分民眾對於中國的認同。

　　既然更多的經貿交流與惠台措施，對於改變台灣民眾的「政治（國家）認同」沒有助益，強化「文化認同」或「民族認同」，進而使其過渡到「國家認同」就成為大陸學者在經貿措施未能奏效後的最佳替代方案。著重「文化認同」是因其為一切認同的基礎，兩岸人民在「政治認同」與「國家認同」上的分歧明顯，短期內難以消除，從培固「文化認同」入手，進而為增進政治（國家）認同提供助力，或可成為可行途徑之一。不過，亦有大陸學者舉國外例證，說明不是有了特定的文化認同，就會有相對應的政治認同或國家認同。

　　更何況台灣與大陸年輕一代已經不談傳統文化了，怎能期待透過傳統文化的認同來達成政治認同呢？根據調查資料顯示台灣年輕人「被中華文化、大陸山河所感動」極為有限，遠遠不及於「被大陸經社發展觀察所震懾」，也不如「與接待人員／學員互動的感受」。對此，大陸學者指出是因為台灣青年普遍認為不僅中華文化在台灣保留得最好，而且對於台灣的文化、時尚、創意產業所取得的成就頗有自豪感。這無異說明，要將中華文化作為台灣文化認同的核心，有頗大的困難。大陸方面若要透過文化認同來強化台灣民

第六章　結論

139

眾對大陸的政治認同，必須正視及彌平此種文化認同斷裂的現象。

　　或許是因為有感於交流發展在增進兩岸文化認同與政治認同的效用不彰，大陸自習近平主政後主導融合發展。交流發展與融合發展兩者的最大差異在於越過台灣的官方角色，由大陸官方直接來面對台灣民眾，透過國民待遇等措施提高台灣民眾的中國認同和國民意識。台灣高雄旗山土生土長的復旦大學外文系教授盧麗安獲選為中共黨代表，以及意外引發之台灣青年學子的投共潮，加上台灣民眾台灣人認同曾有下降趨勢，雖不能說是完全受到大陸推動融合發展的影響，但是兩者呈現正相關關係，值得未來進一步檢證。

參考文獻

一、中文部分

于國欽（2015/2/17）。美國歡迎我加入TPP，**中時電子報**。http://www. chinatimes.com/newspapers/20150217000061-260202

王英津（2017）。融合發展：大陸推進和平統一新思路，**中國評論**，第232期，5-12。

王曉琴（2012）。從歷史視角看兩岸文化教育文流對台灣民眾「身分認同」影響，**安徽商貿技術學院學報**，第11卷第4期（總44期），1-5。

王麗紅（2013）。認同的異化與重塑──對當前兩岸關係發展困境的跨文化思考，**中國媒體發展研究報告**，473-480。

朱崇科（2014）。後殖民時化的身分焦慮與本土形構──台灣經驗與潘雨桐的南洋敘述，**華人華僑歷史研究**，6月第2期，39-49。

江宜樺（1998）。**自由主義、民族主義與國家認同**，台北：揚智出版社。

何碧娟（2011/4/8）。Chaiwan威力大！兩岸合作威脅韓國經濟，**天下雜誌**。http://www.cw.com.tw/article/article.action?id=5007833。

余克禮，（2012）。維護政治認同與互信的基礎深化兩岸關係和平發展，**統一論壇**，第5期，頁13-17。

吳中書（2014/4/8）。反服貿延燒到反貨貿，總不能永遠繞道而行，**中經院網站**。http://www.cier.edu.tw/content.asp? mp=1&CuItem=22019。

吳明（2012）。從在地尋根到嘗試回歸──三位導演處女作中的台灣文化認同新轉向，**當代電影**，12期，151-153。

吳偉興（2014）。加強文化交流推進兩岸關係和平發展，**中央社會主義學院學報**，4月第2期（總188），52-55。

宋淑玉（2012）。馬英九執政時期台灣「一個中國認同」問題的解析，**思想理論教育導刊**，第6期（總162期），58-60。

宋學文，（2011）。新自由制度主義之過去、現在與未來，包宗和編，**國際關係理論**，台北：五南，139-172。

李文（2015/5/4）。習近平提出兩岸共同體五點主張，**BBC中文網**。http://www.bbc.com/zhongwen/trad/china/2015/05/ 150504_cpc_kmt_common_destiny。

李欣芳（2014/07/20）。小英：台獨是年輕世代天然成分，**自由時報電子報**http://news.ltn.com.tw/news/focus/paper/ 797533

李靖棠（2017/10/04）。高雄出身，盧麗安獲選陸十九大黨代表，**中時電子報**http://www.chinatimes.com/realtimenews/20171004001967-260409

李關雲（2014/8/4）。TPP談判完成98%：夏威夷部長級會議無功而返，**新浪網**。http://m.news.sina.com.tw/article/ 20150804/14894106.html。

杜力夫、游志強（2015）。兩岸憲法共識之一：對中華民族認同的共識，**中國評論**，第206期，47-49。

周天柱（2014）。關於「反服貿」學運的若干思考，**中國評論**，第197期，21-23。

周少來（2014）。台灣民眾的國家認同傾向及對兩岸政策的影響，**江蘇師範大學學報**，40卷2期，101-108。

林紅（2012）。和平發展形勢下台灣民眾的「中國意識」，**中國評論**，第173期，5月，26-30。

林毅璋（2014/3/5）。四大智庫院長：快通過服貿 愈久愈不利，**中經院網站**，http://www.cier.edu.tw/ct.asp?xItem=21688&ctNode=287&mp=1。

約瑟夫・奈伊、大衛・威爾許（2019），張小明譯，哈佛最熱門的國際關係課，台北：商周。

邱瓊玉、林則宏（2017/7/3）。雙城論壇柯文哲提兩岸命運共同體，**聯合報**，https://udn.com/news/story/11265/ 2560124。

俞新天（2013）。當前兩岸文化認同的問題與前景，**中國評論**，第1期，25-28。

政治大學選舉研究中心（2013/6）。台灣民眾台灣人／中國人認同趨勢分佈，http://esc.nccu.edu.tw/course/news.php?Sn=166#。

胡文生（2006）。台灣民眾的國家認同問題的由來、歷史及現實，**北京聯合大學學報**，第4卷第2期，83-88。

胡明明（2017/10/20）。台籍代表盧麗安：入黨因信服黨堅定信念和執政成績，**大公網**，http://news.takungpao.com/mainland/focus/2017-10/3505384.

html

唐建兵（2012）。潛在危局：台灣民眾國族認同論析，**嘉興學院學報**，第
　　24卷第4期，139-144。

孫雲（2013）。從「我群」到「他者」：20世紀90年代以來台灣民眾認同
　　轉變的成因分析，**台灣研究集刊**，第3期（總127期），8-14。

孫慰川、楊雯（2012）。論新世紀初期台灣電影的國族認同迷失，**當代電
　　影**，第10期，137-141。

孫慰川、賈斌武（2014）。身分認同危機與台灣形象重塑──論21世紀初
　　期的台灣電影，**當代電影**，第6期，106-109。

徐斯勤（2011）。新自由主義與新自由制度主義，包宗和編，**國際關係理
　　論**，台北：五南，111-138。

徐曉迪（2013a）。試析論台灣部分民眾國家認同的發展趨勢，**福建省社
　　會主義學院學報**，第1期（總94期），107-111。

徐曉迪（2013b）。「鏡像認知」到「增量認同」：台灣民眾國家認同趨
　　向研究，**中央社會主義學院學報**，第4期（總182期），85-90。

班納迪克‧安德森（Benedict R. O'Gorman Anderson，1999）。吳叡人譯，
　　《想像的共同體：民族主義的起源與散布》，台北：時報出版社。

袁曙霞（2011）。兩岸文化大交流對台灣同胞認同的影響研究，**貴州師範
　　學院學報**，第27卷第10期，1-6。

馬英萍（2014）。台籍日本兵問題之史料挖掘與文化省思研究，**台灣研究**，
　　第4期，85-90。

國際中心（2016/7/11）。不甩南海裁決 陸恐設防空識別區，**蘋果日報**。
　　http://www.appledaily.com.tw/appledaily/article/headline/20160711/37303000/

康仙鵬，（2010）。兩岸治理，**台灣研究集刊**，第4期，24-37。

康菲、劉向紅（2012）。大力加強兩岸文化交流提昇台灣同胞國家認同
　　感，**理論界**，11期（總471期），59-62。

張子揚（2017）。中國倡議一帶一路之分析，郭武平編，**一帶一路倡議與
　　歐亞合作初探**，台北：五南，165-196。

張文生（2010）。兩岸政治互信與台灣民眾的政治認同，**台灣研究集刊**，
　　第6期，1-8。

張羽（2009）。二十年來台灣民眾集體記憶與文化認同研究──以台灣的
　　博物館為觀察場域，**台灣研究**，第4期，13-17。

張羽、王琨（2011）。近二十年來台灣知識分子的文化論爭與身分認同研

究，**台灣研究**，第6期，34-38。

張祖群（2014）。文學何以療傷——簡論台灣海峽的政治傷痕，**青島科技大學學報**，30卷第2期，103-120。

鄒念祖、張堇宸，（2010/10/25）。東京影展 中國打壓／電影人憤慨：太超過，**自由時報**，https://news.ltn.com.tw/news/politics/paper/438135

許極燉（1993）。苦悶的民族，許極燉編，**尋找台灣新地標：從苦悶的歷史建構現代視野**，台北：自立晚報文化出版社，2。

郭震遠（2016）。面對重要歷史節點，深化兩岸文化交流，**中國評論**，第208期，64-68。

郭震遠（2013）。兩岸國家認同的特色與影響，**中國評論**，第181期，11月，9-13。

郭震遠（2012）。台灣的兩岸國家缺失及其對兩岸關係的影響，**中國評論**，第176期，8月，11-14。

郭艷，2012，從台灣「統派」現狀看台灣民眾國家認同問題，**重慶社會主義學院學報**，第5期，59-61。

郭艷，2011，台灣「年輕世代」國家認同的現狀與成因分析，**台灣研究**，第3期，29-33。

陳孔立（2014）。兩岸文化研究的盲點，**台灣研究**，第4期，1-4。

陳孔立（2012a）。從「台灣人認同」到雙重認同，**台灣研究集刊**，第4期（總122），1-7。

陳孔立（2012b）。兩岸認同的過程——雙管雙向互動模式，**台灣研究集刊**，第5期（總123期），10-16。

陳孔立（2011）。台灣社會的歷史記憶與群體認同，**台灣研究集刊**，第5期（總117期），1-10。

陳以定（2009）。台灣當局統獨政策的國家認同觀，**長春大學學報**，第19卷1期，89-92。

陳培永（2014）。「一國兩制」與台港澳的中華民族向心力，**重慶社會主義學院學報**，第4期（總75），39-44。

陳曉曉（2012）。兩岸和平發展新形勢下的台灣青年政治認同研究，**學理論**，27期，23-25。

陳鷺人、彭煒琳（2017/11/28）。經濟部常務次長王美花：我加入CPTPP政治面難度高，**中時電子報**，http://www.chinatimes.com/newspapers/20171128000987-260202。

發改委、外交部及商務部（2016）。推動共建絲綢之路經濟帶和二十一世紀海上絲綢之路的願景與行動，劉偉編，**改變世界經濟地理的一帶一路**，台北：龍時代，246-261。

黃昭堂（1994）。戰後台灣獨立運動與台灣民族主義的發展，施正鋒編，**台灣民族主義**，台北：前衛主版社，200-201。

楊冬磊（2013）。試析論「台灣人認同」內涵的多面性，**台灣研究集刊**，第3期（總127期），24-31。

楊勝雲（2015）。乙未割台的殤思及對兩岸的啟示，**中國評論**，第208期，49-52。

葉長城（2014/12/30）。2014年TPP談判進展及其對我國之經濟影響與因應評析，《經濟部全球台商e焦點電子報》，263期。http://twbusiness.nat.gov.tw/epaperArticle.do? id=265486359

董紅（2013）。淺談兩岸經濟交流與台灣民眾國家認同的關係，**上海市社會主義學院學報**，第6期，49-52。

廖中武（2012）。政治社會化：台灣民眾國家認同的建構路徑，**湖南師範大學社會科學學報**，第4期，69-74。

廖中武（2014）。海峽兩岸政治溝通和整合中文化的價值和效用，**福建行政學院學報**，第1期（總70），59-63。

劉國深（2014）。試論深化兩岸政治互信的社會基礎，**中國評論**，第203期，38-42。

劉國深（2009）。試論和平發展背景下的兩岸共同治理，**台灣研究集刊**，第4期，1-7。

劉強（2009）。兩岸互動與國家認同——基於台灣民眾分析的視角，**中央社會主義學院學報**，第4期（總160期），59-63。

劉強（2011a）。社會記憶與台灣民眾的國族認同，**中華文化**，第2期（總70），60-80。

劉強（2011b），族群結構與台灣民眾的國家認同，**廣州社會主義學院學報**，第3期（總34期），49-52。

鄭仲嵐（2017/11/02）。台籍盧麗安的「中國夢，樣板意外掀起的「投共潮」，**BBC中文網**，http://www.bbc.com/zhongwen/trad/chinese-news-41840894。

鄭劍（2013）。如何強化兩岸的認同與互信，**中國評論**，187期，18-21。

戴瑞芬（2019/3/4）。RCEP部長會議發表聯合聲明擬11月達成共識協議，

聯合報，https://udn.com/news/story/7331/ 3677068。

謝大寧（2014）。從反服貿學運看兩岸文化協議，**中國評論**，第198期，8-14。

嚴志蘭（2014）。台灣民眾認同問題的歷史與現實，**東南學術**，第1期，197-209。

蘇頌興等（2014）。台灣青年「一中」認同與兩岸發展，**青年探索**，第3期（總188期），24-31。

二、英文部分

APEC, 2017. "APEC: Cooperation and Consensus", https://www.apec.org/About-Us/About-APEC,

Baker, Peter, 2017. "Trump Abandons Trans-Pacific Partnership, Obama's Signature Trade Deal", https://www.nytimes.com/ 2017/01/23/us/politics/tpp-trump-trade-nafta.html.

Comment, Mar 2/9, 2015. "Wrong-Way Obama: he may leading us toward economic catastrophe", *The Nation*, 5.

Das, Dilip, K, 2013. "China and Asian Economies: mutual acceptance, economic interaction and interactive dynamics", *Journal of Contemporary China*, Vol.22, No.84, 1089-1105.

Dent, Christopher M. Paths, 2013. "Ahead for East Asia and Asia-Pacific Regionalism", *International Affairs,* Vol.89 No.4, 963-985.

Dougherty, James E. Robert L. Pfaltzgraff, Jr. 1990. *Contending Theory of International Relations,* (3rd.ed) New York: Harper Collins Publishers, Inc.

Editorial, May 18 2015. "Fair Trade, Not Free Trade", *America,* 5.

Elms, Deborah and C.L. Lim, February 2012. "The Trans-Pacific Partnership Agreement (TPP) Negotiations: Overview and Prospects", *RSIS Working Paper*, No.232, 21, 1-25.

Enuka, Chuka. 2010. "Regional Community Building in East Asia: Problems and Prospects", *Journal of Asia Pacific Studies,* Vol.2, No.1, 118-131.

Erll, Astrid. 2010. "Regional Integration and (Trans) cultural Memory", *Asia Eur J,* No.8, 305-315.

ET Bureau. Nov.5, 2019. "India decides to opt out of RCEP, says key concerns

not addressed", *The Economic Times,* https://economictimes.indiatimes.
com/news/economy/foreign-trade/india-decides-to-opt-out-of-rcep-says-
key-concerns-not-addressed/articleshow/71896848.cms?from=mdr

European Communities, "Treaty Establishing a Constitution for Europe", Luxembourg:
Office for Official Publications of the European Communities, 2005.

EU, "Further expansion", https://europa.eu/european-union/about-eu/history/
2000-2009_en

EU, "The history of the European Union", https://europa.eu/european-union/
about-eu/history_en

Friedrichs, Jorg. 2012. "East Asian Regional Security", *Asian Survey,* Vol.52,
No.4, 754-766.

Gellner, Ernest, 1997. *Nationalism,* New York: New York University Press.

Gellner, Ernest, 1983. *Nations and Nationalism,* Ithaca: Cornell University Press.

Greider, William, Jan 26, 2015. "This year free trade scam", *The Nation,* 22-25.

Hobsbawn, E.J. 1992. *Nations and Nationalism Since 1780: Programme, Myth,
Reality,* 2nd ed. Cambridge: Cambridge University Press.

Hwang, Hae-du. 2006. "APEC and Emerging Regionalism in North East Asia",
Asia Europe Journal, No.4, 499-510.

Jones, David Martin and Michael L.R. Smith, Winter 2002. "ASIAN's Imitation
Community", *Orbis,* 93-109.

Jones, David Martin and Michael L.R.Smith. 2002. "ASIAN's Imitation Community",
Orbis, Winter, 93-109.

Jonsson, Kristina, 2008. "Unity in Diversity? Regional Identity Building in Southeast
Asia", *Working Paper No. 29,* 1-30, Centre for East and South-East Asian
Studies, Lund University, Sweden.

Kawai, Masahiro and Ganeshan Wignaraja, 2013. *Patterns of Free Trade Areas
in Asia,* Honolulu, Hawaii: East-West Center.

Kikuchi, Tsutomu, 2006 "East Asia's Quest for a Regional Community", *Policy
and Society,* Vol.25, Issue 4, 23-35.

Kurlantzick, Joshua, 2007. "Pax Asia-Pacifica? East Asian Integration and Its
Implications for the United States", *The Washington Quarterly,* Vol.30, No.3,
67-77.

Lakrintis, Athanasios. 2011. "Regional Identity Formation in Southeast Asia and the

Role of the European Union", Working Paper No. 1, 1-14, Centre for European Governance, Institute of International Relations, Panteion University of Athens.

Lyou, Byung-Woon, Summer 2004. "Building the Northeast Asian Community", *Indiana Journal of Global Legal Studies,* Vol.11 Issue 2, 257-310.

Ministry of Foreign Affairs & Trade, New Zealand, "RCEP", http://mfat.govt.nz/ Trade-and-Economic-Relations/2-Trade-Relationships-and-Agreements/ RCEP/index.php。

Moore, Gregory J, 2013. "Constructing Cooperation in Northeast Asia: historical Northeast Asian dyadic cultures and the potential for greater regional cooperation", *Journal of Contemporary China*, Vol.22, No.83, 887-904.

Paasi, Anssi, 2011. "The Region, Identity, and Power", *Procedia Social and Behavioral Science,* 14, 9-16.

Panda, Jagannath P., 2014. "Factoring the RCEP and TPP: China, India and the Politics of Regional Integration", *Strategic Analysis*, Vol.38, No.1, 49-67.

Petri, Peter A. and Michael G. Plummer, June 2012. "The Trans-Pacific Partnership and Asia-Pacific Integration: Policy Implications", *Policy Brief,* No. PB12-16, June, 1-10.

Pomfret, Richard, June 2013. "ASEAN's New Frontiers: Integrating the Newest Members into the ASEAN Economic Community", *Asian Economic Policy Review,* Vol.8 No.1, 24-41.

Poole, Ross, 1999. *Nation and Identity,* London: Routledge.

Rolfe, Jim, Winter 2007. "A Complex of Structures: Functional Diversity, Regional Consolidation, and Community Development in the Asia-Pacific", *Asian Affairs,* Vol.33, No.4, 217-234.

Reuters, April 27, 2020. "Thailand Sees GDP, Investment Boost if Joins CPTPP Trade Pact", *Reuters,* https://www.nytimes.com/reuters/2020/04/27/world/ asia/27reuters-cptpp-thailand.html.

Reuters, April 28, 2020. "Thailand shelves Asia-Pacific trade pact membership decision amid growing opposition", *Reuters,* https://www.reuters.com/ article/us-cptpp-thailand-idUSKCN22A0O0?taid=5ea7d937e15385000 19384b9&utm_campaign=trueAnthem%3A+Trending+Content&utm_ medium=trueAnthem&utm_source=twitter

Ryu, Yongwook and Maria Ortuoste, July 2014. "Democratization, regional integration, and human rights: the case of the ASEAN intergovernmental commission on human rights", *Pacific Review*, Vol. 27 Issue 3, 357-382.

Ser, Tan Ern Gloria Arlini, and Fairoz Ahmad. 2009. "Imaginings, Identity, Integration: Asia in the Minds of Singapore Students", GIARI Working Paper Vol.2008-E-25, Waseda University, Japan, February 9, 1-35.

Sutherland, Claire. 2005. "Another Nation-Building Bloc? Integrating Nationalist Ideology into the EU and ASEAN, *Asia Europe Journal,* No.3, 141-157.

Terada, Takashi. 2003. "Constructing an 'East Asian' Concept and Growing Regional Identity: From EAEC to ASEAN+3", *The Pacific Review,* Vol.16, No.2, 251-277.

Tobita, Rintaro. March 11, 2020. "Japan scouts more Asian players for TPP to cut China dependence: Thailand targeted as next member, with talks to start in August", Nikkei, *Asian Review,* https://asia.nikkei.com/Politics/International-relations/Japan-scouts-more-Asian-players-for-TPP-to-cut-China-dependence

USTR, Nov 2014. "Trans-Pacific Partnership Trade Ministers' Report to Leaders" https://ustr.gov/about-us/policy-offices/press-office/press-releases/2014/November/Trans-Pacific-Partnership-Trade-Ministers-Report-to-Leaders.

Vandoren, Paul. 2005. "Regional Economic Integration in South East Asia", *Asia Europe Journal,* No.3, 517-535.

Vickers, Edward. 2002."History, Politics and Identity in East Asia", *International Journal of Educational Research,* 37, 537-544.

Weber, Torsten. 2011. "Remembering or Overcoming the Past?: 'History Politics,' Asian Identity and Visions of an East Asian Community", *Asian Regional Integration Review,* Vol.3, March, 39-55.

White, Christopher, Jan 2015. "Asia trade deal coming together quickly, Froman says" *Washington Time,* http://www.washingtontimes.com/news/2015/jan/27/michael-froman-trans-pacific-partnership-asia-trad/。

Williams, Brock R, Jan 29, 2013. *Trans-Pacific Partnership (TPP) Countries: Comparative Trade and Economic Analysis.* Washington, DC: Congressional Research Service, http://digitalcommons.ilr.cornell.edu/key_workplace/1015

Yoshimatsu, Hidetaka, 2015. "Diplomatic Objectives in Trade Politic: The Development of the China-Japan-Korea FTA", *Asia-Pacific Review*, Vol.22, No.1, 100-123.

新‧座標32　PF0275

新銳文創
INDEPENDENT & UNIQUE

亞太、東亞及兩岸整合的認同分析

作　　　者	戴東清
責任編輯	尹懷君
圖文排版	楊家齊
封面設計	劉肇昇

出版策劃	新銳文創
發 行 人	宋政坤
法律顧問	毛國樑　律師
製作發行	秀威資訊科技股份有限公司
	114 台北市內湖區瑞光路76巷65號1樓
	電話：+886-2-2796-3638　傳真：+886-2-2796-1377
	服務信箱：service@showwe.com.tw
	http://www.showwe.com.tw
郵政劃撥	19563868　戶名：秀威資訊科技股份有限公司
展售門市	國家書店【松江門市】
	104 台北市中山區松江路209號1樓
	電話：+886-2-2518-0207　傳真：+886-2-2518-0778
網路訂購	秀威網路書店：https://store.showwe.tw
	國家網路書店：https://www.govbooks.com.tw

出版日期	2020年6月　BOD一版
定　　　價	260元

Printed in Taiwan

國家圖書館出版品預行編目

亞太、東亞及兩岸整合的認同分析 / 戴東清著. -- 一版. --
臺北市：新銳文創：秀威資訊科技, 2020.06
  面； 公分. -- (新.座標；32)
BOD版
ISBN 978-957-8924-97-0(平裝)

1. 區域研究 2. 區域整合 3. 政治經濟學

578.193   109005857

讀 者 回 函 卡

感謝您購買本書，為提升服務品質，請填妥以下資料，將讀者回函卡直接寄回或傳真本公司，收到您的寶貴意見後，我們會收藏記錄及檢討，謝謝！
如您需要了解本公司最新出版書目、購書優惠或企劃活動，歡迎您上網查詢或下載相關資料：http:// www.showwe.com.tw

您購買的書名：_____

出生日期：_____年_____月_____日

學歷：□高中 (含) 以下　　□大專　　□研究所 (含) 以上

職業：□製造業　□金融業　□資訊業　□軍警　□傳播業　□自由業
　　　□服務業　□公務員　□教職　　□學生　□家管　　□其它_____

購書地點：□網路書店　□實體書店　□書展　□郵購　□贈閱　□其他

您從何得知本書的消息？

　□網路書店　□實體書店　□網路搜尋　□電子報　□書訊　□雜誌
　□傳播媒體　□親友推薦　□網站推薦　□部落格　□其他_____

您對本書的評價：(請填代號　1.非常滿意　2.滿意　3.尚可　4.再改進)

　封面設計____　版面編排____　內容____　文／譯筆____　價格____

讀完書後您覺得：

　□很有收穫　□有收穫　□收穫不多　□沒收穫

對我們的建議：_____

_____

_____

_____

11466
台北市內湖區瑞光路 76 巷 65 號 1 樓

秀威資訊科技股份有限公司　　　收

BOD 數位出版事業部

··

（請沿線對折寄回，謝謝！）

姓　　名：＿＿＿＿＿＿＿＿＿　年齡：＿＿＿＿　性別：□女　□男

郵遞區號：□□□□□

地　　址：＿＿＿＿＿＿＿＿＿＿＿＿＿＿＿＿＿＿＿＿

聯絡電話：(日) ＿＿＿＿＿＿＿＿＿＿＿　(夜) ＿＿＿＿＿＿＿＿＿＿

E-mail：＿＿＿＿＿＿＿＿＿＿＿＿＿＿＿＿＿＿＿＿